어서 와
주식투자는
처음이지?

초판 1쇄 발행 | 2017년 7월 1일
초판 2쇄 발행 | 2018년 12월 28일
지은이 | 황우성 · 김태경
펴낸이 | 최대석
펴낸곳 | 행복우물
기획총괄 | 최 연
편 집 | 엠피케어(umbobb@daum.net)
등록번호 | 제307-2007-14호
등록일 | 2006년 10월 27일
주 소 | 경기도 가평군 가평읍 경반안로 115
전 화 | 031)581-0491
팩 스 | 031)581-0492
이메일 | danielcds@naver.com
홈페이지 | www.happypress.co.kr
ISBN 978-89-93525-43-4(13320)
정 가 13,000원

어서 와
주식투자는
처음이지?

황우성 김태경 지음

행복우물

목차

어서 와 주식투자는 처음이지?

프롤로그:

어서 와, 새로운 세상으로! 우리가 다 준비했어 ··· 6

1. 어서 와, 초보탈출은 처음이지? ··· 9

2. 어서 와, 가치투자는 처음이지? ··· 39

3. 어서 와, 기업분석은 처음이지? ··· 59

4. 어서 와, 차트분석은 처음이지? ··· 137

5. 어서 와, 심리게임은 처음이지? ··· 155

6. 어서 와, 주식부자는 처음이지? ··· 177

	주식찐따가 되어가는 과정	성공투자자가 되어가는 과정
1단계	주변인에게 정보를 듣는다.	자기가 좋아하는 분야에 관심을 갖는다. Ex) 전자제품, 음식료, 레저, 화장품, 의류 등.
2단계	정보를 듣고 바로 산다.	해당 분야와 연관된 기업들을 찾아보고, 그 기업들의 미래를 그려본다. Ex) 중국 등 글로벌 진출, 변해가는 사업에 충분히 적응하는지? 공장 추가 설립 등.
3단계	사고 나서 떨어지면 바로 판다. 역시 주식은 도박이라고 생각하고 쳐다도 보지않는다.	자신이 직접 알아본 기업들의 정보를 전문가 와 공유하고 상담한다. 해당 기업의 현재 주 식가격이 기업가치보다 작다고 판단될 때 매 수한다. 그리고 기다린다.

≪어서와 주식투자≫ 200% 활용법

1. 편안하게 읽으세요.

   처음 보는 용어가 나와도 일단 따라오세요. 읽다 보면 자연스럽게 이해되도
   록 설명해 드립니다. 바쁠 때는 굵은 글씨의 핵심만 읽으셔도 됩니다. 끝까
   지 읽고 나면 자연스럽게 투자의 원리와 개념을 깨닫게 됩니다.

2. 동영상 강의를 활용하세요.

   YOUTUBE에서 '어서와 주식투자는 처음이지'를 검색하셔서 무료 동영상
   강의를 들으세요. 기본적인 용어와 개념 설명부터 투자 원리와 비법이 담겨
   있습니다.

3. 관심있는 종목을 찾아 적용해 보세요.

   내가 관심있는 회사의 주식을 찾아 배운 원리를 적용해 보세요. 재무제표의
   숫자를 찾아보고 책에 나온 사례를 적용해가며 개념을 확실히 이해한 후
   투자에 적용해 보세요.

어서 와, 새로운 세상으로!
우리가 다 준비했어

처음 주식투자를 한다고 증권사를 찾아갔던 날을 기억해 봅니다. 돈을 쉽게 벌 것 같았는데 생각보다 어려웠고 투자의 세계는 공부하면 할수록 배울 것이 있었습니다.

돈을 벌어도 다시 잃고 결국 마이너스가 되는 과정을 되풀이 하였습니다. 시중의 책들을 읽고 '비법'이라고 하는 방식들을 따라해 봤지만 결과는 좋지 않았습니다.

결국 수많은 우여곡절과 시행착오를 거듭해가면서 투자는 종합예술이자 심리게임이라는 것을 깨닫게 되었습니다. 그리고 단편적인 지식들만 갖고는 성공하기 어렵다는 사실을 알게 되었습니다.

투자의 세계에서는 기술적 분석에 치우치거나 기본적 원리만을 강조해서는 안됩니다. 사냥으로 먹고사는 옛 사람들을 생각해 봅시다. 한여름과 겨울철 각각의 사냥법이 다릅니다. 사냥꾼은 기본적인 사냥 기술을 익히고 몸으로 마음으로 체득해야 합니다. 그리고 기본적인 사냥

법을 토대로 각각 상황에 맞는 요령을 터득해야 합니다. 눈이 올 때에는 그 상황에 맞는 도구와 요령을 사용해야 합니다.

날씨와 계절이 바뀌면 사냥 방법이 바뀌어야 하는 것처럼 주식시장에서도 시장의 상황에 따라서 각기 다른 투자 요령이 필요합니다. 물론 기본적인 투자 원칙과 기법은 필수지요.

시행착오와 연구를 통해 깨닫게 된 원리들을 누구나 이해하기 쉽게 설명해 놓은 책으로 만들고 싶었습니다.

이 책은 초보 및 중급 투자자들이 반드시 익혀야 할 주식투자의 원리들을 알기쉽게 구성했습니다. 그리고 단편적인 지식들 뿐만아니라 험난한 주식시장을 이겨낼 수 있는 지혜를 담고자 했습니다. 대화를 꾸준히 따라오다 보면 어느새 주식은 물론 재무제표 및 기본적인 회사를 보는 시야가 트이는 것을 느끼게 될 것입니다.

이 책을 읽고 나서 개인 투자자들도 기관이나 외국인 투자자들과 대등하게 실력을 겨룰 수 있게 되기를 바랍니다. 비 과학적이거나 비 논리적 투자법, 또는 유언비어나 소문에 맡기는 투자는 사라져야 합니다.

투자는 단거리 달리기가 아닙니다. 계속 달려야 하는 마라톤과 같습니다. 이 책이 독자들에게 투자의 세계에서 꾸준히 달릴 수 있도록 힘을 주는 동반자가 되길 바랍니다.

2017년 여름에
저자 황우성, 김태경

Chapter 1

어서 와,
초보탈출은 처음이지?

"주식투자의 기본은 세상 모든 현상과 사물에 대해 '호기심'을 갖는 것입니다. 그러다 보면 기업이 돌아가는 원리와 돈의 흐름이 보이게 됩니다. 그때부터 당신은 투자할 준비가 된 것입니다."
– 황우성 김태경

초보탈출 시작,
호기심으로 세상 보기!

: 여자들의 악세서리를 보고 주식으로 돈을 번다

길거리를 걸어가며 매번 여자들을 유심히 보는 우성이,
같이 걸어가던 초보녀가 퉁명스럽게 한마디 합니다.

초보녀: 오빠! 또 이쁜 여자 쳐다봤지?!

황우성: 헙… 아니, 아니야 ㅠ_ㅠ

초보녀: 아니긴 뭐가 아니야!

황우성: 지나가는 여자를 본 건 맞아. 근데 그 여자의 시계를 봤어!

초보녀: 시계? 갑자기 웬 뜬금없는?

황우성: 잘 들어 봐. 너 김난도 교수의 ≪트렌드 코리아≫라는 책 알
　　　 지? 이번에 2017년 버전이 나왔는데. 거기에 캄테크(Calm
　　　 Tech)라는 내용이 나왔더라고. 그리고 핏빗(fitbit)이라는 회사

의 제품도 소개가 되었어.

초보녀: 운동 얼마나 했는지 체크하는 스마트워치 말하는 거지?

황우성: 너도 핏빗 아는구나. 나는 그런 것을 관심있게 보거든. 보통 스
마트 워치같은 전자 제품은 여자들의 큰 관심사가 아니지. 그
런데 건강과 운동이 함께 결합되면서 사는 여자들이 많아졌더
라고. 특히 이런 제품들이 이쁜 액세서리 역할을 하면서 여자
들의 관심을 더 끌고 있는 거 같아.

초보녀: 근데 그렇다고 치자. 그래서 계속 여자들 손목 쳐다볼 꺼야?

황우성: 우와…… 질투하는 거야? 고마워. 근데 난 여자들이 손목에 차
고 있는 스마트 워치를 보면서 생각나는게 따로 있었어. 바로
'핏빗 주식', 그리고 애플워치를 만드는 '애플'.

핏빗과 애플의 비교차트, 애플은 오르고 핏빗은 하락했다

황우성: 앞의 그림은 핏빗과 애플의 비교차트야. 파란선이 핏빗, 빨간 선이 애플이야.

초보녀: 차트를 보니깐 애플은 오르고 핏빗은 내렸다는 것을 알겠네요!

황우성: 2016년부터 핏빗은 내리고 애플은 올랐어. 다행히 나는 애플을 사서 이익을 취할 수 있었지.

초보녀: 그런데 왜 애플을 사셨나요? 핏빗도 가격과 성능이 좋던데.

황우성: 애플은 아이폰과 아이패드라는 제품의 다각화가 되어 있었고 애플와치가 비싸긴 하지만 다양한 기능을 제공해주고 애플제품군과 쉽게 호환되기 때문이지. 이에 비해 핏빗은 가격이 싸다는 메리트는 있지만 제품군이 애플워치나 다른 경쟁자들에 비해 경쟁력이 떨어질 수 있다고 생각했어. 그리고 재무제표 분석 등도 중요했지.

초보녀: 와…… 주식투자는 다양한 생각을 해야 하는구나. 앗! 근데 미국주식 말고 우리나라 주식은 어떻게 투자해요?

황우성: 그럼 비슷한 국내 주식 투자의 사례를 말해 볼께.

황우성: 내가 직접 작성한 리포트야. 집에서 우연히 티비를 보다가 발견한 게 있어. 홈쇼핑 채널을 보다가 어떤 제품이 수 차례나 완판됐다고 광고가 나오더라고. 홈쇼핑 가장 핫한 상품이라고 해서 바로 찾아 봤어. 필 받아서 회사에 대해 알아 봤지. 내가 너한테도 물어봤었지? 애경산업 화장품 말이야.

초보녀: '견미리 팩트' 말하는 거지? 나도 그거 몇 개 사서 우리 엄마랑 같이 쓰는데. 친구들 선물도 주고 너무 좋더라고.

황우성: 그래, 견미리 팩트! 그 화장품을 애경산업이라는 회사에서 만들고 있어. 애경산업은 '비상장 회사'거든.

초보녀: 비상장?

황우성: 맞어. 주식시장에 상장되어 있지 않은 회사를 비상장 회사라고 해. 비상장회사는 주식을 사고 팔기가 어려운 회사들이야. 그래서 견미리 팩트 주식을 직접 살 수 없다면 견미리 팩트가 많이 팔려서 이익을 얻을 수 있는 회사를 찾아보자. 제조하고 판매하는 애경산업! 그리고 애경산업을 48.27% 소유하고 있는 AK홀딩스.

초보녀: 아…… 견미리팩트를 직접 살 수 없으니깐 상장회사인 AK홀딩스를 사면 결국 같은 효과라는 거죠? 그래서 AK홀딩스를 산 건가요?

황우성: AK홀딩스를 바로 산 것은 아니야. 앞서 설명했던 '민감한 변화'를 알아채고 공부를 시작한 거지. 바로 가치투자와 회사에 대한 공부! 그리고 난 다음에 확신이 들어서 매수를 했지!

김태경: 초보자들이 실수 하는 것 중 하나가 뭔가 좋은 정보나 느낌이 오면 섣부르게 매수한다는 거지. 충분히 분석하고 알아 본 다음에 매수해도 늦지 않거든

황우성: 맞어. 주식을 살 때에는 정말 신중하게 이것 저것 따져보고 해

TV를 보다가도 주식투자의 아이디어를 얻을 수 있다

야 해. 안 그러면 손해보는 경우가 다반사지.

초보녀: 그래서 황오빠가 어려워 보이는 재무제표도 공부하고 기사도 읽고 그랬구나. TV보면서도 길거리를 다니면서도 주식을 떠올리다니…… 직업병인가?

황우성: ㅎㅎ사실 우리 주변에는 재미있는 것들이 참 많아. 쓰는 모든 제품, 원재료, 유통 과정 등을 보면서, 이게 어떤 회사에서 만든 것이지? 누가 유통하는 걸까? 라는 호기심을 갖고 살펴보면 우리가 사고 팔 수 있는 기업들이라는 것을 알게 되지. 그리고 기업에 대해 공부하다 보면 정말 재미있어. 인터넷에 회사를 검색하면 다 나오잖어. 돈을 얼마나 벌고 있고 등등…

김태경: 상장되어서 주식을 사고 팔 수 있는 회사라면 몇가지 요령만 알면 정말 많은 정보를 얻을 수 있지.

초보녀: AK홀딩스라는 회사에 대해 알고 싶다고 하면 어디서부터 시작해야 하나요?

김태경; 가장 쉽게 정보를 구할 수 있는것이 '네이버 증권'(http://finance.naver.com)이지. 네이버 증권으로 들어가서 'AK홀딩스'를 검색하면 다음과 같이 기본 정보를 알 수 있거든

AK홀딩스의 차트

김태경: 그리고 아래쪽을 보면 요약 재무정보가 있어. 나는 종목을 검색할 때 항상 경쟁사들의 정보와 함께 보곤 하거든. 그래야 이회사가 경쟁사에 비해서 어떠한지를 한번에 파악할 수 있어. 다음 그림은 네이버 금융에 들어가서 AK홀딩스를 검색하면 가장 아래에 나오는 표야. '동일 업종 비교'라고 되어 있지.

동일업종비교 (업종명 : 화학 | 재무정보: 2016.12 분기 기준)

종목명 (종목코드)	AK홀딩스* 006840	LG화학* 051910	롯데케미칼* 011170
현재가	65,300	280,000	352,500
전일대비	▲300	▲1,000	▲7,500
등락률	+0.46%	+0.36%	+2.17%
시가총액(억)	8,650	197,658	120,820
외국인취득률(%)	10.23	37.21	31.51
매출액(억)	7,876	55,117	36,714
영업이익(억)	449	4,617	7,335
조정영업이익	449	4,617	7,335
영업이익증가율(%)	-38.05	.38	14.05
당기순이익(억)	148	2,700	5,798
주당순이익(원)	491.07	3,638.02	16,893.50
ROE(%)	1.05	1.95	6.49
PER(배)	12.01	16.15	6.58
PBR(배)	1.36	1.48	1.27

AK홀딩스와 같은 업종(화학) 기업의 비교

초보녀: 숫자가 복잡해 보이네요. 어떤 것부터 봐야 할지 모르겠어요.

김태경: 가장 중요한 것 부터 봐야지! 회사의 매출액, 영업이익, PER, PBR, 이 네가지를 우선적으로 살펴 보도록 해.

초보녀: 알겠어요. 매출액, 영업이익, PER, PBR 을 먼저 살핀다!

김태경: 다음 장에서 상세히 다루겠지만 아주 간단하게 맛보기로 설명하고 넘어갈께. 매출액은 회사가 제품을 팔아서 얼마의 매출을 일으켰는지를 알려주고, 영업이익은 영업활동을 통해서 벌

어들인 돈(매출액에서 비용제외)을 알려줘. 그리고 PER은 현재 주식가격이 회사가 버는 돈에 대비해서 높은지 낮은지를(고평가 or 저평가) 알려주지. PBR은 현재의 주식가격이 회사가 갖고 있는 재산(자산가치)에 대비해서 높은지 낮은지(고평가 or 저평가)를 알려주지.

초보녀: 와… 대충 감이 잡혀요.

황우성: 자세한 것은 2~3장에서 아주아주 상세하게 다룰 꺼야.

초보녀: 아하, 근데 아까 애플주식도 샀다고 했잖아요. 애플 같은 외국 회사는 외국에 나가서 사야 하나요?

황우성: 아니. 한국에서도 PC를 이용해서 쉽게 미국주식이나 전세계의 주식을 매매 할 수 있어. 매매 방법도 어렵지 않아. 해외주식을 매매하고 싶다면 ≪해외투자 전문가 따라하기≫ 라는 도서를 꼭 읽어 봐. 아주 상세히 나와 있어. 자, 그럼 주식투자의 세계로 가는 문을 열어볼까?

초보녀: 네. 좋아요!

"주식투자는 꾸준한 관심과 호기심을 필요로 한다. 그렇기 때문에 자신이 관심 있어하는 분야나, 몸 담고 있는 직종, 취미나 특기로 잘 아는 쪽에 투자하는게 확률을 높이는 방법이다."

황우성: 꼭 기억할 것은!? 주식 투자를 잘 하려면 평소에 호기심이 많아야 한다는 것. 내가 관심있는 기업이든 물건이든 분야든 간에 호기심을 갖자. 그리고 조그마한 변화도 빠르게 캐치하자!

초보녀: 그래서 얼마나 많은 여자들한테 화장품 모 쓰냐고 물었던 거야?!

황우성: @@

김태경: 자자, 이제부터 제대로 '돈버는' 주식투자를 하기 위해서 기본적인 것들부터 차근차근 알아보자고!

초보탈출 첫 단계!
계좌 개설 및 개념이해

김태경: 초보녀, 무슨 좋은 일 있어? 왜 이렇게 기분이 좋아?

초보녀: 엄마한테서 용돈을 받았어

황우성: 와! 추카추카! 그런데 얼마 받았니?

초보녀: 응, 5천만 원 정도…

김태경: 뭐? 50,000,000원? 너 금수저였구나.

초보녀: ㅎㅎ 근데, 이걸로 주식투자를 해 보려고. 은행에 갔더니 적금 이자율이 1.5%래. 주식투자를 하면 이것보다는 많이 벌지 않겠어? 주식투자 시작하는 법 좀 배워보고 싶어서 물어봤더니 계좌개설부터 하래는데 어떻게 해야되는지 모르겠네. 돈내고 개설해야 하나?

황우성: 계좌개설하는 건 무료야. 계좌개설 하는데 필요한 준비물은 신

분증이 있어야 해. 신분증을 들고 증권사나 은행에 가면 돼. 요즘에는 은행에 가서 증권사 계좌를 개설할 수도 있지.

초보녀: 오빠, 자세히 알려주세요. 저는 정말 초보라고요.

김태경: 증권사나 은행에 가서 "주식 계좌 개설하러 왔습니다." 라고 말하면 돼.

황우성: 그리고 온라인으로 거래를 하려면 아이디 등록, 공인인증서 설치 절차가 필요한데, 그것은 계좌개설 할 때 알아서 해주니 걱정하지 않아도 돼.

초보녀: 그렇군요! 간단하네. 신분증만 갖고 가면 된다 이거지?

황우성: 그런데 '주식'이 뭔지 아니? '주식'의 기본에 대해 확실히 알고 시작해야지.

초보녀: 주식?! 듣고 보니깐 그러네요!

김태경: 쉽게 설명해서 주식이란 회사의 소유권이야. A 회사가 주식을 10주 발행했다고 하자. 그런데, 내가 5주를 갖고 있다면 나는 A회사의 소유권을 50% 가지고 있다고 할 수 있어.

초보녀: 우와, 주식만 사면 회사의 주인이 될 수 있네요.

김태경: 그렇다고 할 수 있지!

☆ 주식 계좌 개설 2가지만 기억하자 ☆
1. 신분증을 준비한다.
2. 증권사나 은행을 가서 "주식계좌 개설 하러 왔습니다!"라고 이야기한다.

황우성: 드라마에서 보면 회사의 주식을 차지하려고 싸우잖아. 대표이
　　　　사도 갈아치우고. 그게 다 이런 이유지.

초보녀: 나 같은 개인 투자자도 주식을 많이 사면 회사의 주인이 되는
　　　　건가요? '최대주주'가 될 수 있어요?

김태경: 이론적으로는 그렇다고 할 수 있지. 하지만 돈이 많이 필요해.

주식이란 무엇일까?

주식이란 주식을 발행한 회사에 대한 특정한 권리를 표시한 증서입니다. 따
라서, 여러분이 어떤 회사의 주식을 가지게 되면, 주식을 발행한 회사에 대한
특정한 권리를 소유할 수 있습니다. 그 특정한 권리라는 것은 회사의 재산에
대한 권리 또는 회사 경영에 의견을 제시할 수 있는 권리입니다.
결국 주식을 소유함으로써 회사의 주인이 되는 것이지요. 비록 여러분의 주
식 수가 적어 지분은 많지 않을지라도 말입니다.

황우성: 꿈을 크게 갖는 것은 좋지만, 일단은 주식거래 하는 방법부터
　　　　배워 보자. 원하는 증권사의 계좌를 개설하면 나는 해당 증권
　　　　사를 통해서 주식을 사고 팔게 되는 것이지. 예를 들어 하나금
　　　　융투자의 계좌를 개설하면 하나금융투자가 나의 브로커(bro-
　　　　ker)가 되는 거야. 증권사가 부동산 중개사와 같은 존재지. 나
　　　　는 수수료를 증권사에 지불하고 주식을 사고 팔고, 사고파는
　　　　중간에 증권사가 중개를 해 주는 거지!

초보녀: 아하, 증권회사의 역할은 부동산 중개와 같은 역할!

김태경: 차이라면 집을 사고파느냐, 주식을 사고파느냐의 차이지.

초보녀: 아, 그렇구나, 증권회사는 부동산 사무실처럼 정보를 제공해주고, 편하게 사고 팔 수 있게 도와주는 역할을 하는 회사군요. 나는 수수료를 내고!

황우성: 바로 그거지.

주식을 산다는 것은 회사의 주인이 되는 것이다.
주식거래를 할 때 증권사의 역할은 부동산 중개
사무소와 같다.

온라인과 오프라인
주문을 이해하자

황우성: 주식투자는 기본적으로 On-line 방식과 Off-Line 방식이 있어. 온라인 방식은 다시 HTS, MTS 로 나뉘는데 HTS(Home Trading System)는 쉽게 말해서 컴퓨터를 이용해서 주식 매매 및 잔고 현황 등을 보는 거야. MTS(Moblie Trading System)은 스마트폰을 가지고 매매하는 거지.

김태경: 각각 장단점이 있기 때문에 모든 방법을 익혀두는 것이 필요해.

초보녀: 그런데 오프라인 주문은 전화로 주문 내는 거 아니에요? 그런 건 컴맹인 할아버지들만 하는 게 아닌가?

황우성: NO! 오프라인 주문도 나름대로의 장점이 있어. 잘 활용하면 의외로 주식으로 돈을 버는 데 큰 도움이 될 수 있지. 수수료

몇 백원이 중요한 게 아니라고.

On-line 주문과 Off-line 주문의 장단점

	On-line	Off-line
방식	HTS (PC에 설치). MTS (스마트폰에 설치). 웹 (홈페이지)에서 매매.	전화 주문. 지점 방문 주문.
장점	수수료가 저렴하다 모든 상황을 직접 확인 할 수 있다.	전문가의 의견을 참고해 매매가 가능하다. 담당직원과 대화를 통해 시장의 변화를 빨리 캐치할 수 있다.
단점	모든 판단을 개인 혼자서 내려야 한다.	해당 계좌에 대한 관리자가 있는 만큼 수수료가 비싸다.

황우성: 계좌개설 할 때(증권사마다 약간씩은 다를 수 있지만) '전자금융서
비스'를 신청하면 HTS와 MTS를 사용할 수 있어. 한가지 헷갈
리기 쉬운 것은 공인인증서가 은행용, 증권용이 따로 있다는
것이야. 은행용 인터넷 뱅킹 인증서로는 주식거래를 할 수 없
어. 통합용도 있는데 유료 서비스로 제공하고 있지.

초보녀: 내가 사용하는 은행 공인인증서는 별개구나.

황우성: 그렇지. 여기까지 하면 일단 기본적인 계좌개설은 완료! 계좌
개설 별로 어렵지 않지? 신분증 들고 가서 "주식계좌 개설해
주세요~"하면 되니까.

초보녀: 생각했던 것 보다 훨씬 쉽네!

주식계좌에서
입출금을 해보자

황우성: 주식계좌 개설을 완료했다면 그 다음은 입금하는 방법에 대해 알아보자. 주식을 사려면(매수) 해당 주식 계좌에 돈이 있어야 해. ATM 기기나 은행이나 증권사의 온라인 뱅킹을 통해서 계좌이체가 가능하지. 물론 증권사를 방문해서 현금을 직접 입금해도 되고.

김태경: 계좌이체 및 입출금은 은행 업무와 다를 게 없어. 한 가지 기억해야 할 것은 ATM 기기에서 계좌 이체시 금융기관을 '증권회사'로 선택해야 한다는 것이지.

황우성: 별 거 아닌 것 같은데 실수하는 사람들이 의외로 많더라고. 체험이 중요하니깐 증권계좌 있다면 우선 1,000원이라도 직접 이체해 보자고.

초보녀: 백문이 불여일견이죠!

초보녀: 입출금은 한번씩만 해 보면 알 수 있겠네요. 기존 은행에서 거
    래하던 방법과 동일한 것 같아요. 실제로 주식을 사고 파는 법
    을 알고 싶어요.

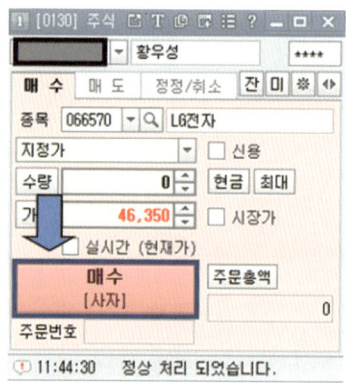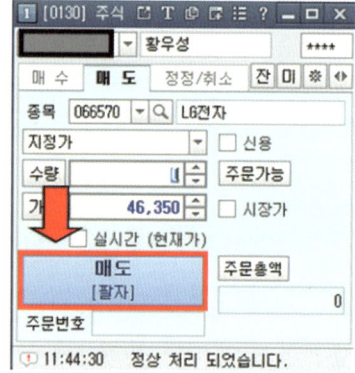

황우성: 주식 사고 파는 방법은 매매창을 잘 이해하면 문제없어. 일단, 주식 계좌에 입금을 하고 나서 HTS나 MTS를 실행시키면 매매창을 볼 수 있거든. 주식 매매라는 화면에 들어가 보면 옆과 같은 주문창이 있을 거야. 사는 것은 매수, 파는 것은 매도 버튼을 누르면 된다. 물론 그 전에 '수량'과 '가격'을 입력하고 주문을 넣어야겠지~?

황우성: 하마터면 가장 중요한 걸 놓친 뻔 했네. 내가 산 주식과 판 주식의 금액은 어떻게 처리가 될까?

초보녀: 주식 거래는 바로 체결이 되니까 그날 오후에라도 금액 처리가 되지 않을까요?

황우성: 주식을 매수한 경우는 매매가 체결된 당일에 금전 처리가 완료되지. 하지만 주식을 매도한 경우에는 매도한 이틀 후(D+2)에 금전 처리가 완료되거든. 예를 들어 월요일에 보유하고 있던 주식을 매도했다면 그 금액만큼 수요일 아침에 출금 또는 이체가 가능하다는 거지. 따라서 주식을 매매한다고 했을 때는 매수, 매도에 따른 현금 흐름을 반드시 체크 해야만 해.

– 주식 결제일 이해하기 –

주식을 판 경우 돈은 이틀 뒤에 찾을 수 있다는 것을 기억하자.

매수인 경우

요일	1일(월)	2일(화)	3일(수)	4일(목)	5일(금)
	D-day	D+1	D+2	D+3	D+4
	주식매수				
	결제완료				

매도인 경우

요일	1일(월)	2일(화)	3일(수)	4일(목)	5일(금)
	D-day	D+1	D+2	D+3	D+4
	주식매도				
			결제완료 출금가능		

회사를 사고 파는 시장!
거래소 이해하기

황우성: 주식을 투자하기 전에 주식이 거래되고 있는 시장이 어떤 곳
인지 알아보아야 하겠지? 주식 거래시장은 크게 3가지 시장이
있어. 코스피, 코스닥, 코넥스.

초보녀: 주식이 거래되는 시장도 여러 종류가 있군요!

김태경: 맞어. 우리나라 대표증권시장인 유가증권시장(KOSPI Market)
은 1956년에 개장했어. 여기에 상장하기 위해서는 꽤 까다로
운 요건을 충족해야 해. 우량기업들만 상장된다고 할 수 있지.
내가 근무했던 POSCO를 비롯해서 삼성전자, 현대자동차, LG
전자 등 세계적인 기업들이 상장되어 있지. 시가총액이 무려
1,150조원이나 된다고.

초보녀: 근데 상장이 뭐에요?

황우성: 상장이란 쉽게 이야기해서 회사의 일부 지분을 누구나 매입할
수 있도록 시장에 내놓는 거야.

초보녀: 회사를 판다고요?

황우성: 맞어. 유가증권시장에서 누구나 매매할수 있도록 등록해 놓는
거지. 그러면 누구나 회사의 일부를 살 수 있지. 그게 주식이
야.

초보녀: 그런데 왜 회사의 일부를 팔죠?

김태경: 쉽게 이야기해서 회사는 지분의 일부를 떼어내서 파는 거지.
그러면 자본을 모을 수 있지.

초보녀: 와~ 그렇구나! 알겠어요. 돈이 필요한 회사는 주식 시장에서
회사의 일부를 떼어 팔아서 돈을 조달하는 거죠. 회사의 소유
권이 주식인 거고! 그리고 투자자들은 돈을 주고 회사의 일부
(주식)를 사서 주식 가격이 오르면 돈을 벌 수도 있고!

김태경: 정답이야.

초보녀: 그럼, 상장된 주식만 우리가 매매할 수 있나요?

황우성: 그렇지. 앞서 이야기했던 AK홀딩스 기억나지? 견미리 팩트가
비상장 주식이라서 AK홀딩스를 산 거잖어.

초보녀: 맞아요! 비상장주식이라서 매매하기 어려워서 그것과 관련있
는 상장된 주식을 샀다고 설명했었죠.

김태경: 상장된 주식은 정말 편하게 사고 팔 수 있어. 주식시장은 편리
하게 투자자들이 주식을 사고 팔 수 있는 환경을 제공하고, 그

대신 회사입장에서는 상장이 되면 투자자들을 모으고 자본을 끌어들일 수 있어서 좋지. 회사나 투자자 모두에게 이익이 되는 시스템이지.

초보녀: 우와~ 대박!

응답하라 주식투자!

황우성: '응답하라 1998'에서도 나왔는데 삼성전자, 한미약품, 태평양
화학(현재 아모레퍼시픽)에 투자해서 지금까지 갖고 있는 사람이
있다면 부자가 되었을 꺼야.

김태경: 그러게 말이야. 그때만해도 지금보다 주식가격이 엄청나게 쌌
으니 말이야. 삼성전자가 이렇게 큰 글로벌 기업이 될 줄 얼마
나 많은 사람들이 알고 있었을까?

드라마에서 언급한 것과 같이 삼성전자가 3만 원이었으니깐
여기에 300만 원 투자했으면 지금쯤 얼마의 수익이 났을까?
300만 원이면 100주를 살 수 있고 지금 삼성전자 100주는 4억
가까이 되네. 또 한미약품은 2만 원에 200만 원어치라고 치면
현재 약 7,000만 원이 되겠네요.

구분	1998. 1. 1	2016. 11. 1	역대 최고가	최고가 대비 수익률
삼성전자	34,584원	1,260,000원	1,716,000원	4,961%
한미약품	68,082원 (2010년 7월 상장)	730,000원	860,932원	1,264%
태평양화학 (아모레퍼시픽)	38,009원 (2006년 상장)	415,000원	455,500원	1,198%

황우성: 만약 삼성전자를 1998년도에 2천만 원 정도 사뒀다면 어땠을
까? 현재 약 50배의 이익이 났으니까 10억 원 정도 되겠네. 정
말 큰 돈이지?

초보녀: 주식으로 정말 큰 돈을 벌 수 있네요! 나는 부동산 투자로만
부자가 될 수 있는 줄 알았는데….

최대값 1,940,000 (-4.12%)↓

linear

1,500,000

1,000,000

500,000

저 12,359 (14,949.76%)

1995　　　2000　　　2005　　　2010　　　2015

삼성전자, 연도별로 보면 하락도 많았지만 결과적으로 큰 상승을 했다

초보녀: 그런데 삼성전자는 왜 계속 오르는 거에요?

황우성: 주가는 기본적으로 실적에 의해 움직인다고 볼 수 있거든. 왜
　　　　올랐는지를 보려면 과거 몇 년 동안의 실적을 보면 가장 명쾌
　　　　하게 나와. 다음은 삼성전자의 매출액과 영업이익 추이야.

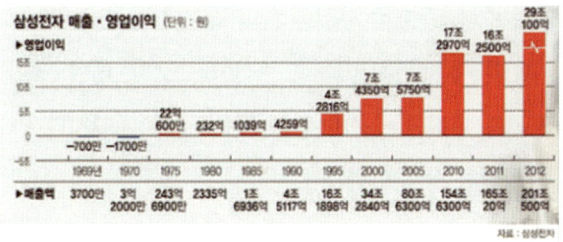

	매출액	영업이익
1969년	3,700만	−700만
1980년	2,335억	232억
1990년	4조 5,117억	4,259억
2000년	34조 2,840억	7조 4,350억
2010년	154조 6,300억	17조 2,900억
2015년	200조	26조 4천억
2016년	201조	29조 2천억

김태경: 매출액이 3,700만 원에서 201조까지 증가했다는 게 믿어지나?

불과 50년도 안 된 기간 동안에 말이야. 정말 어마어마 하지?

황우성: 실적이 이렇게 증가하니까 삼성전자는 꾸준히 성장했고, 그에

따라 주식도 상승했다고 볼 수 있어.

김태경: 자, 여기서 중요한 사실을 하나 짚고 넘어가자. 주식투자를 하다보면 여러 가지 이유로 주식이 오르지. 테마주나 급등하는 종목은 특별한 이유가 없는 경우도 있어. 하지만 역사적으로 변치 않는 사실이 하나 있지.

초보녀: 그게 뭔 데요?

황우성: 바로 '실적이 좋아지면 주식은 상승한다.' 라는 만고불변의 진리이지. 차트가 어쩌구 저쩌구……. 이런 것들 다 소용없단 이야기야. 어떤 정보를 들었든지 간에 '실적' 만큼 확실한 것은 없어. 실적이 좋아질 회사를 찾아내는 것. 수백 년 전부터 지금까지 변치 않는 주식투자의 성공 원리지.

초보녀: 그렇구나! 그걸 어떻게 알아 낼 수 있는 거에요?

황우성: 그게 바로 이 책의 존재 이유지. 뒤에 남은 페이지 보이지? 우릴 믿고 따라와 봐. 우선 가장 중요한 가치투자와 기업분석을 배우고, 그 다음에 차트분석, 그리고 주식으로 정말 큰 돈을 번 주식부자에 대해서 배워 볼 꺼야. 어때? 한번 도전해 볼만한 가치가 있겠지?

초보녀: 그렇겠네요.

황우성: 아마도 주식 부자에 관한 이야기를 들을 때 쯤이면 초보녀도
　　　 상당한 수준의 경지에 올라가 있을 꺼야.

초보녀: 정말 그렇게 될까요?

김태경: 그럼, 당근이지. 아무 걱정말고 우릴 믿고 따라오면 된다니깐.

초보녀: 네~넹!

Chapter 2

어서 와,
가치투자는 처음이지?

"연구를 하지 않고 투자하는 행위는
포커를 하면서 카드를 전혀 보지 않는 것과 같다."
- 피터린치

가치투자의 시작 1:
싸고 예쁜 옷 고르기 = PER

초보녀: 우와~ 이거 넘 이쁘다. 나 이 옷 사 주세요!

황우성: 그래? 가격이 얼마인가 볼 까? 일,십,백,천,만,십만,백만? 백만
　　　　원?

초보녀: 모야~ 사주기 싫어? 그렇게 비싼 것 같지도 않은데

황우성: 이 옷이 과연 이 정도 금액의 가치가 있을까? 옆 매장에 있는
　　　　G브랜드 옷도 이뻐 보이는데? 가격도 50만 원이고.

초보녀: 엇? 그러네. 입어보니깐 G브랜드 옷이 더 이쁘다!

황우성: 옷을 고르는 것도 주식을 고르는 것과 마찬가지로 참 현명한
　　　　판단을 필요로 하는 것 같아.

초보녀: 맞어. 어떤 경우에는 싼 게 더 이쁘고 퀄리티도 좋은 경우가 있
　　　　기는 해.

황우성: 중요한 것은 '얼마나 가치가 있느냐?' 를 판단하는 건데, 이런 것을 숫자로 딱 일목요연하게 보여주면 편할 거 같은데!

초보녀: 그런가? 난 숫자에 약해서… 그래도 점수가 있으면 편하지!

황우성: 분석은 태경형이 전문이니깐, 옷 분석도 한번 부탁해요!

김태경: 항상 비교를 할 때는 기준이 중요한데, 옷을 고르는 기준은 주로 가격과 이뻐보이는 정도를 기준으로 삼으니깐, 이 두 가지로 놓고 이야기를 풀어 볼께. 이뻐보이는 정도가 높고 가격이 낮은 게 좋은 거니깐 이것을 수치화 해서 기록해 보자. 그리고 가격을 이뻐보이는 정도로 나누어서 '이쁨 한 단위당 가격'이라고 새로운 지표를 만들어 보자.

구분	가격 Price	이뻐보이는 정도 Earning	이쁨 한 단위당 가격 P/E (Price Earing Ratio = PER)
C 브랜드	10	10	1.00
G 브랜드	8	9	0.88
H 브랜드	5	7	0.72
Z 브랜드	4	5	0.80

초보녀: 앗! 이해가 되는 것도 같아요! 가성비랑 비슷한 개념이네요. 가격 대비 성능이 아니라 성능 대비 가격의 개념이군요! 이뻐보이는 정도 한 단위당 가격이 어떻게 되느냐를 표시해 주는 것이네요.

황우성: 우와, 이해력 엄청 좋네!

김태경: 표에서 보면 H브랜드가 0.72로 가장 낮지? 그러니깐 '이뻐보이는 정도' 한 단위(성능)당 가격이 낮다고 보면 되지. 다시 말하면 '이뻐보이는 정도' 기준의 가성비가 가장 좋은 것이지.

황우성: 주식에서도 똑 같은 원리가 적용되지. '이뻐보이는 정도'가 기업이 벌어들이는 이익(Earning)에 해당하거든. 가격(Price)을 수익(Earning)으로 나누었다고 해서 P/E 로 표시하지. PER이라고 하고.

PER = 주식 1개의 가격 / 주식 1개가 벌어드리는 이익

김태경: 아래는 화장품 회사들의 업종 비교표야.

종목명 (종목코드)	아모레퍼시픽★ 090430	LG생활건강★ 051900	아모레G★ 002790	한국콜마★ 161890	코스맥스★ 192820
현재가	306,500	851,000	134,500	81,700	147,000
전일대비	▲ 10,500	▲ 24,000	▲ 1,500	▲ 2,000	▲ 4,000
등락률	+3.55%	+2.90%	+1.13%	+2.51%	+2.80%
시가총액(억)	179,175	132,910	110,906	17,238	14,772
외국인취득률(%)	37.82	46.06	19.10	46.84	26.13
매출액(억)	13,160	14,573	15,643	1,856	1,997
영업이익(억)	1,022	1,779	1,344	189	95
조정영업이익	1,022	1,779	1,344	189	95
영업이익증가율(%)	-38.98	-27.15	-38.84	21.58	-20.54
당기순이익(억)	730	671	880	138	65
주당순이익(원)	1,063.38	3,655.89	381.58	648.32	808.95
ROE(%)	1.91	2.58	1.20	5.22	4.71
PER(배)	33.09	26.54	34.93	32.47	39.18
PBR(배)	5.45	5.63	3.95	6.39	7.00

초보녀: PER을 보니 LG생활건강이 26.54로 가장 낮네요. 그렇다면 방금 배운 개념으로는 LG생활건강이 다른 주식들에 비해 회사가 만들어내는 이익 한 단위당 주식 가격이 싸네요! 가격 메리트가 있다는 의미에서 LG생활건강이 가장 매력적인데요?

김태경: 정답이야. 이익 한 단위당 거래되고 있는 주식 가격이 싸다는 것을 '저평가 되어있다.'라고 표현하지. PER기준으로 가장 저평가 되어있어. 두개의 회사가 각각 이익 1을 내는데 A 주식은 10원을 주고 사야하고 B 주식은 7원을 주고 사야한다면 당연히 B주식이 더 매력적인 것이지?

초보녀: 그러네요.

황우성: 그리고 한 가지 기억해야 할 점은 PER은 상대평가라는 거야.

초보녀: 상대평가? 자기들 끼리 비교하는 거요?

황우성: 맞아. 위의 표에서도 화장품 업종들의 종목들이 나열되어 있지? 동종 업종끼리 비교하는 거야. LG생활건강과 삼성전자를 비교하는 게 아니라, 삼성전자는 LG전자랑 비교해야 하지. 같은 업종 내에서, '평균적인 PER은 몇인데, 내가 투자하고 싶은 회사의 PER을 보니 저평가 되어있구나.' 이렇게 말이야.

초보녀: 그렇구나. UFC경기에서 체급별로 시합하는 것과 같네요.

김태경: 그렇치. 그래서 업종 평균 PER도 알아둬야 해. 이런 정보들은 내가 계산하지 않아도 애널리스트 보고서나 HTS, 네이버 증권 등을 통해서도 쉽게 알 수 있지.

초보녀: 와~ 감사합니다!

황우성: 그리고 가장 중요한 팁 한가지를 더 알려 줄게!

초보녀: 뭐죠?!

황우성: 투자는 내가 잘 아는 것과 관계된 분야에 해야만 돈이 벌린다는 것! 초보녀가 옷을 좋아한다고 했는데, 유니클로 등 관련된 회사에 대해 얼마나 연구했어? 유니클로나 샤넬 홈페이지 봤니? 경제 기사는 얼마나 봤니?

초보녀: 아니요……

황우성: 옷 이야기를 했으니 말인데, 올해 집회나 시위가 많았지? 나는 광화문 집회처럼 사람들이 많이 모이거나, 사회적 이슈가 있을 때 뉴스만 봐도 돈이 보이거든.

초보녀: 어떤 돈이 보인다는 말씀이세요?

황우성: 사람들이 F&F 회사의 옷을 촛불집회 때 입었다는 것 알고 있니? 실제로 주가가 상승했고 그래서 수익이 났지.

초보녀: 앗, 돈 벌 때 나도 좀 알려주지! ㅜㅜ

황우성: 다음에 보이는 그림은 F&F 라는 회사의 주식 가격 그래프야. 25,000원 정도 하니깐 초보녀가 좋아하는 스테이크 한 번 먹을 가격으로 주식 한 주를 살 수 있겠지?

초보녀: 그러네요. 적은 돈으로도 회사의 주인이 될 수 있다니……

황우성: 빨간 박스 표시되어 있는 주가가 올랐던 기간이 어떤 집회가 있었는지 잘 생각해 봐.

초보녀: 앗… 광화문 집회가 많았던 시기에 주가가 올랐네요!

황우성: 이런 사례 말고도 모 의류 회사에서 부진했던 브랜드가 있었
거든. 그런데 신규 브랜드를 런칭하고 CEO가 교체되었지. 그
러면서 디자이너로 감각있는 친구들을 영입하기 시작하더라
고. 그러면서 주가가 오른 경우도 있어.

초보녀: 아, 나는 그런 것은 하나도 몰랐어요!

황우성: 보통 사람들이 초보녀처럼 아무 준비없이 주식 투자를 시작해
서 손해보는 경우가 많아. 내가 잘 아는 분야에 대해서 연구하
는 것부터 시작하자.

가치투자의 시작 2:
싸고 재료 좋은 옷 고르기 = PBR

황우성: 자, 그럼 싸고 품질(재료) 좋은 옷은 어떻게 비교해 볼 수 있는
지 알아 볼까?

초보녀: 품질이요?

황우성: 응, 좋은 재료를 썼는지, 싼 재료를 썼는지 말이야. 예를 들어
서, 금단추가 7개가 달린 옷의 가격이 100만 원이라고 하자.
그런데 금 가격이 비싸져서 단추만 팔아도 110만 원이라고 할
때 이 옷을 사야 할까?

초보녀: 당연히 사야죠!

황우성: 그렇치. 마찬가지로 주식시장에서도 회사가 가진 자산을 주식
가격과 비교하면 주식을 고르는데 좋은 지표가 되겠지?

초보녀: 회사가 가진 자산이요?

김태경: 응, 회사도 뭔가를 소유할 수 있잖어. 토지, 건물 등등. 그런 것을 다 팔았을 때의 가치와 현재 거래되고 있는 주식 가치를 비교해 보는 거야.

구분	가격 Price	재료의 가치 Book Value	재료 한 단위당 가격 PBR (Price/Book Value)
C 브랜드	10	10	1.00
G 브랜드	12	24	0.50
H 브랜드	5	7	0.72
Z 브랜드	4	5	0.80

김태경: 위의 표에서 보면 C브랜드 옷은 재료 한 단위당 재료의 가격도 10, 재료의 가치도 10이지. 무슨 말이냐면, 옷의 가격이 옷 재료의 가격을 적절하게(일치하게) 반영하고 있어. 이에 비해 G 브랜드의 옷은 가격이 12, 재료의 가치는 24로 되어있지? 그냥 옷을 샀다가 옷의 재료만 떼다가 시장에 팔아도 두 배의 금액을 받을 수 있다는 말이야.

초보녀: 우와, '핵 이득'이네요. 당장 사야겠네요! 근데 이런 옷이 존재하긴 하나요?!

김태경: 주식 시장에서는 이런 종류의 주식이 존재하지. 그래서 PBR분석(자산가치분석)을 하는 거야. 회사의 자산을 다 팔았을 경우를 계산해 보니깐, 지금 현재 거래되고 있는 주식의 가격보다 더 비쌀 경우 주식을 사는 게 이득인 거지. 왜냐하면 회사가 처분

된다고 해도 회사의 건물, 땅, 팔 수 있는 모든 것들을 팔면 거
래되고 있는 주식가격보다 이득이니깐 말이야.

초보녀: 와~ 대박! PBR만 보고 투자하면 되겠다. 위의 표에서 '재료 한
단위당 가격' PBR 이라고 되어있는 부분, 이 부분이 작을 수록
좋은 거죠?!

김태경: 정답이야. 아래는 화장품 업종의 분석표인데, 가장 아래 PBR
을 보면 아모레G가 3.95로 가장 낮고 코스멕스가 7로 가장 높
지.

종목명 (종목코드)	아모레퍼시픽* 090430	LG생활건강* 051900	아모레G* 002790	한국콜마* 161890	코스멕스* 192820
현재가	306,500	851,000	134,500	81,700	147,000
전일대비	▲ 10,500	▲ 24,000	▲ 1,500	▲ 2,000	▲ 4,000
등락률	+3.55%	+2.90%	+1.13%	+2.51%	+2.80%
시가총액(억)	179,175	132,910	110,906	17,238	14,772
외국인취득률(%)	37.82	46.06	19.10	46.84	26.13
매출액(억)	13,160	14,573	15,643	1,856	1,997
영업이익(억)	1,022	1,779	1,344	189	95
조정영업이익	1,022	1,779	1,344	189	95
영업이익증가율(%)	-38.98	-27.15	-38.84	21.58	-20.54
당기순이익(억)	730	671	880	138	65
주당순이익(원)	1,063.38	3,655.89	381.58	648.32	808.95
ROE(%)	1.91	2.58	1.20	5.22	4.71
PER(배)	33.09	26.54	34.93	32.47	39.18
PBR(배)	5.45	5.63	3.95	6.39	7.00

초보녀: 아핫, PBR만 보면 아모레G가 가장 매력적이네요.

황우성: 한때 외국인투자자들이 PBR이 낮은 우리나라 주식들을 쓸어 담은 적이 있어. 장부가치(Book Value)보다 낮은 가격에 거래 되는 건실한 주식들을 보면서 이게 웬떡이냐! 라고 했겠지.

초보녀: 장부가치가 뭐죠?

김태경: 장부에 기록해 놓은 회사의 자산 목록이라고 생각하면 편해.

초보녀: 그래서 Book Value구나. PBR의 'B'가 의미하는 것도!

황우성: 워렌버펏도 주식을 살 때 이 방법을 이용해서 큰 돈을 벌기도 했어. 시장의 불안정 때문에 가격이 많이 하락한 주식을 눈여 겨 보다가 회사의 가치를 따져보고는 이 정도 가격보다는 이 회사가 훨씬 더 가치가 있다고 판단한 것이지. '지금이라도 회 사가 가진 자산만 처분해도 현재 주식가격보다는 높은 값을 받을 수 있다.'고 판단하고 과감하게 매수해서 큰 돈을 벌었지.

김태경: 백화점 세일상품들 중 옷의 예를 들자면 원가로(떨이로)파는 것 들은 주워담아 내다 팔아도 그냥 원단가격 정도는 받을 수 있 다는 개념이지.

초보녀: 참 간단한 듯 하면서도 어려운 것 같아요.

황우성: 실제로 내가 대학교 다닐 때 친구 중 한 명은 인터넷 브랜드기 획전에서 옷을 헐값에 왕창 샀다가 옥션 같은 사이트에서 정 가보다는 싸고, 초특가보다는 비싼 가격으로 팔아서 돈을 벌 었었지.

김태경: 중요한 것 한 가지 더! PBR이 작을 수록 투자할 만한 가치가

있는 것은 맞어. 하지만 PBR은 단순히 자산의 가치만을 나타낼 뿐 회사의 성장성, 영업력, 기술력 등은 포함이 안 되어 있어. 한마디로 과거의 데이터인 셈이지. 그래서 다른 지표들도 함께 보아야만 해.

황우성: 한 때 PBR 낮은 종목을 투자하는 것이 유행인 적이 있었어. 많은 초보들이 부동산이 많은 주식만 찾다가 낭패를 본 적도 있었지.

초보녀: 부동산만 많이 갖고 있고 성장성이나 영업력은 없는 회사에다가 투자한 경우겠죠?

황우성: 그렇치. PBR은 회사의 자산가치를 파악하는데 아주 좋은 지표지만 결국 중요한 것은 회사의 종합적인 성장성이야!

초보녀: 그것을 어떻게 알 수 있죠?

김태경: 이제부터 설명해 줄 께. 따라와 봐.

"옷을 비교하는 데도 기준이 필요하듯

주식을 비교하는 데도 기준이 필요하다."

주식가격과 회사가 돈 버는 것을 비교 → PER
주식가격과 회사 재산을 비교 → PBR

가치투자의 처음과 끝: 기업가치 측정

초보녀: PER과 PBR개념만 알아도 투자를 곧잘 할 수 있을 것 같아요! 그냥 지금 주식을 사야 되는지 팔아야 되는지만 알면 될 것 같은데, 어떻게 알 수 있죠?

황우성: 주식을 사야 할지 팔아야 할지 알려면 지금 주식가격이 어떤 상태인지 판단할 수 있어야 하겠지. 그래서 현업에서는 주로 PER과 PBR이란 도구로 주식 가격이 얼마나 비싼지, 싼지를 판단하지.

김태경: 그런데 PER, PBR을 상대평가라고 이야기 한 것을 기억하지?

초보녀: 네네, 상대평가!

김태경: 모델중에서 이쁜 사람을 찾는 것과 일반인중에서 이쁜사람을 찾는 것은 다를 수 있겠지. 모델중에서 꼴찌해도 일반인 일등

보다 이쁠 수 있지? 그런 개념이야.

초보녀: 비교군에 따라 다를 수 있다는 말씀이군요.

김태경: 상대적으로 주식가격을 판단하는 것인데. 그렇다면 이 주식을 사야 할지, 팔아야 할지를 알기 위해서는 상대평가 말고 절대평가가 또 중요하겠지!

초보녀: 학교 다닐때도 상대평가도 하고 절대평가도 했으니깐. 둘 다 중요한 것 같아요!

김태경: 흔히 워렌버펏과 같은 가치투자자들은 기업의 본질적인 내재 가치를 구하고 이 가격에 비해 지금 주식가격이 낮은지 높은지 그래서 지금 주식을 사야하는지 팔아야하는지를 판단하지.

초보녀: 그래서 그 가치는 어떻게 구하는 거냐고요? 이것만 알면 현재 주식가격이 싸면 사고, 비싸면 팔면 되는 거잖아요?!

김태경: 내가 회계사 공부와 주식 공부를 15년 넘게 하면서 알게 된 비밀을 너무 급하게 습득하려고 하네. 정신차리고 잘 들어 봐, 이해가 잘 되도록 쉽게 설명해 줄테니.

초보녀: 네네.

김태경: 기업의 내재가치를 구하려면 딱 3가지만 알고 있으면 돼.

① 회사가 지금 가지고 있는 순자산의 가치
② 미래에 벌어들일 돈
③ 미래의 돈을 현재가치로 환산할 할인율

초보녀: 오호, 이제 뭔가 이해가 되는데요! 기업이 가진 지금 돈과 나중에 벌어들일 돈을 지금 돈 가격으로 바꾸어서 합치면 기업의 가치(지금 돈 + 나중 돈의 지금가격)를 구할 수 있다는 말이군요!

기업의 내재가치 (본질가치)	회사의 순자산가치 (지금 돈) 회사가 갖고 있는 돈, 땅, 건물, 특허권, 로열티
	앞으로 벌어들일 돈 (미래의 돈)의 지금 가격 제품이나 서비스를 팔아서 벌어 들일 것으로 예상되는 순이익

황우성: 맞어!

김태경: 그 '기업의 가치'를 구해서 현재의 주식 가격과 비교를 하면, 이 회사 주식 가격이 싼지, 비싼지를 판단할 수 있지.

초보녀: 우와. 단순히 주식가격이 얼마라는 것을 보고 판단하는게 아니라 주가가 100만원이라고 하더라도 '기업 내재가치'가 높으면 주식이 비싼 게 아닐 수도 있겠군요!

황우성: 그렇치. 그런데 잠깐. 기업가치를 구하는데 들어가는 요소가 미래에 벌어들인 돈인데…… 근데 형이 미래에 이 기업이 돈을 얼마를 벌지를 어떻게 알아? 회계사가 신이야?!

김태경: 미래의 상품이 아직 나오지 않았기 때문에 아직 확신할 수는 없지만, 주식투자를 하는 입장에서는 미래를 그려보는 것이 필요하지.

초보녀: 와… 그럼 애널리스트들이 기업의 본질가치를 구해서 리포트

를 내는 것도 그들의 생각이나 상상이 들어간 거네요?

황우성: 맞어. 그래도 그런 생각이나 상상의 바탕이 분석을 기반으로 한 것이니 여러 모로 신뢰를 하는 거지. 특히 애널리스트나 전문가들은 기업탐방도 가보고 하니깐 말이야.

초보녀: Thank you. I got it.

김태경: 우와~ 초보녀 영어 죽인다. 그럼 주식투자를 위한 기본은 준비가 된 거야. 그럼 이제부터 본격적으로 돈버는 주식투자를 위한 공부를 시작해 볼까?

기업의 내재가치를 구하기 위한 3가지 요소
(1) 회사가 지금 가지고 있는 순자산의 가치 (지금의 돈)
(2) 앞으로 벌어들일 돈(나중의 돈)의 지금가격
(3) (2)나중돈을 지금가격으로 환산하기위한 '할인율'

– 강남 에이스 황우성이 알려주는 수익나는 투자의 비밀 –

종목고르기 1단계 : 관심 종목들 중 차트를 보고 추려내기

가격이 오른 주식, 가격이 내린 주식 중에서 가격이 충분히 내린 주식을 유심히 본다. 오른 것은 빠질 때까지 기다리자.

　왜 오른 것은 안 보나?

　　경험적으로

　　주가가 올라있으면 오를 확률 50% 빠질 확률50%,

　　주가가 빠져있으면 오를 확률 90% 빠질 확률 10%

　그래서 충분히 빠질 때까지 기다려야 한다.

　선택과 집중을 해야한다.

　모든 남자, 모든 여자와 사귈 수는 없다.

　정말 매력 넘치는 사람만 사귀어라.

"야구는 3구 3진이 되지만 주식은 몇 구가 될 때까지 계속 기다리다가 좋은 공 올 때 안타를 치면 된다."

종목고르기 2단계 : 재무제표를 통한 회사가 튼튼한지 확인.

PER, PBR을 통해 같은 종목군 내에서 주가가 비싼지, 싼지 확인.

다른 재무적 요소로 회사의 건전성 판단(부채비율, 유동비율 등).

재무제표를 보고 현재 회사의 수익성 판단(영업이익율, 매출원가율).

사업성과 기업의 장점을 바탕으로 기업의 미래를 그려본다.

종목고르기 3단계 : 과감한 매수, 우직한 홀딩(Holding)

1번과 2번의 조건이 일치한다면 과감하게 베팅하라.

그리고 주가가 올라갈 때까지 기다려라.

기다려! 팔지말고 기다린다. 이걸 못해서 대부분 손해본다.

가격이 하락하면 무섭죠?

무서워도, 제대로 분석해서 산 것이라면 기다려라.

워렌버핏도 주가의 등락을 안 본다. 기다려라.

[참고] 주식을 갑자기 처분해야 할 때는 언제?
기본적인 분석에 대한 오류가 발견된 경우, 재무제표 오류, 분식회계 등이 발생한 경우면 처분해야 한다.

"결혼하는 것보다 이혼하는게 더어렵다. 처음 선택할때 제대로 하자. 주식도 사는것보다 파는게 더 어렵다"

Chapter 3

어서 와,
기업분석은 처음이지?

"해당 기업에 대한 철저한 분석은 기본 중의 기본이다."
- 김태경

"재무제표는 회사가 싸놓은 똥이다"
VS
"똥을 검사해야 건강상태를 알 수 있다"

…… 그래서 대변과 차변이 있는가?

　원초적인 이야기를 좀 하겠습니다. 재무제표는 회사가 싸놓은 똥과 같습니다. 똥은 더러워 보이고 쳐다보기 싫습니다. 하지만 우리는 대변 검사를 통해 어떤 음식을 먹었는지, 먹어서는 안 될 것을 먹었는지, 영양 상태는 어떤지, 그리고 병이 있는지 없는지 또한 알 수 있습니다.

　회계사라는 저의 직업은 그 똥을 면밀히 관찰하는 직업입니다. 재무제표는 기업의 건강 상태를 알려줍니다. 비록 과거에 이뤄놓은 결과지만 면밀히 관찰하면 쌓아온 흔적과 미래를 예측할 수 있는 '단서'들을 찾아 볼 수 있습니다. 그 단서는 팩트(fact)에 기반한 것이지요. 그 다음은 단서를 바탕으로 추론을 하고 미래를 예측하는 것입니다.

－ 김태경

기업의 재산상태와 운영현황을 파악하자

초보녀: 주가가 일 주일도 넘게 상승하다가 어제 상한가를 기록한 종
목에 투자했는데 주가가 곤두박질 치네? 어떻게 된 거예요?

김태경: 투자한 회사 재무제표 확인은 했어?

초보녀: 재무제표? 그게 뭐죠? 대형 투자 호재가 있다고 기사가 떠서
잘 나갈 거라고 생각했는데 재무제표를 확인했어야 하는 건가
요?

김태경: 벤자민 그레이엄이 "언제나 재무제표로 돌아가라."고 말했잖
이. 투자하려는 회사가 뭘 하는지, 살림살이는 어떤지 알려면
재무제표를 확인해야지. 소개팅한 남자가 무슨 차를 타는지,
연봉은 얼만지, 비정규직인지, 어느 아파트에 사는지, 그런 건
그렇게 꼼꼼히 확인하더니, 투자하는 회사 재무제표도 확인

안 한 거니?

초보녀: 그런 걸 누가 알려주는 사람이 있어야죠. 숫자가 많아서 어려워 보이고!

황우성: 잠깐! 그래봤자 재무제표는 '회사가 싸놓은 똥'이잖아. 지금 싸놓은 똥을 보고 건강상태를 확인할 수는 있겠지만, 미래에 어떻게 될 것인지는 알 수 없잖아? 나는 투자할 때 재무제표 보다는 회사의 전망을 추정하는 게 더 중요하다고 생각해. 유망한 업종인지. 기술력은 있는지. 규제는 어떻게 될지.

김태경: 그래도 회사가 몸이 튼튼한지, 재산은 많은지, 돈은 잘 버는지, 빌린 돈으로 살고있는지 정도는 알아야 하지 않을까?

초보녀: 맞는 말 같아요!

황우성: 그래요. 주식투자에서 기본적인 분석은 꼭 필요하죠. 초보녀가 잘 알아듣도록 재무제표를 형이 한 번 설명해 줘요. 나도 이참에 회계사님한테 제대로 재무제표를 배워보고 싶네.

김태경: 재무제표는 ① 기업의 현재 재산상태가 어떤지(재무상태)와 ② 돈을 잘 벌고있는지(경영성과)를 보여주는 보고서야. 재무제표는 재무상태표, 손익계산서, 현금흐름표, 자본변동표, 주석 이렇게 다섯 가지로 구성되어 있어.

> 재무제표는 기업의 재산상태와 돈을 잘 벌고 있는지를 보여준다
> - 재산상태는 어떤가? (빚이 많은지 등) → '재무상태표' 확인
> - 돈을 잘 벌고 있는가? → '손익 계산서' 확인

재무제표의 구성 요소 이해하기

재무제표의 5요소: 재무상태표, 손익계산서,
현금흐름표, 자본변동표, 주석

김태경: 내가 강의를 하다보니 초보자들에게 재무제표에 대해 이해시
키기가 여간 어려운 게 아니더라고. 그래서 재무제표의 5가지
구성요소를 어떻게 설명하면 좋을까를 계속 생각하다가 아들
승현이가 가지고 노는 장난감 로봇에서 아이디어를 얻었어.

초보녀: 오호, 장난감 로봇에서요?

김태경: 응, 각 구성품에 맞춰서 이름을 적고 설명을 하면서 한 눈에 볼
수 있도록 그림을 만들어 봤어. 에프에스봇(FSBOT)이라고 이
름도 붙였어. 재무제표가 영어로 Financial Statements라서 앞
글자를 따고 Robot의 뒷글자를 따서 이름 지었어.

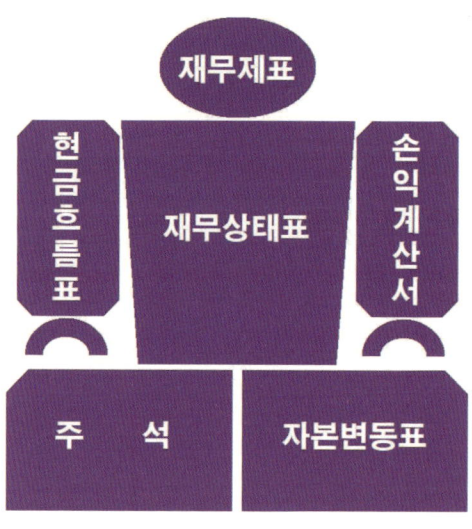

김태경: 이걸 보면 한눈에 재무제표는 재무상태표와 손익계산서, 현금 흐름표, 자본변동표, 주석으로 구성되어 있다는 걸 알 수 있지. 이 그림은 사실 많은 의미를 함축하고 있어.

초보녀: 아하! 저렇게 5가지 요소가 재무제표를 구성하는 거구나.

김태경: 구성요소의 배치도 하나하나 의미가 있어. 우선 머리는 타이틀 이야. 재무제표는 이런 것이라고 명명하는 거지. 그리고 머리 다음으로 중요한 건 몸통이지. 로보트는 몸통에 엔진이 있을 것이고 그 힘으로 움직이겠지. 재무제표에서도 가장 중요한 것은 재무상태표야. 다른 구성요소들인 손익계산서, 현금흐름 표, 자본변동표, 주석은 사실 재무상태표를 상세히 펼쳐서 보 여주는 것들이야. 모든 회사의 활동은 재무상태표에 다 나타

나 있어. 벤자민 그레이엄의 재무제표로 돌아가라는 말을 빗대어 말해보자면 재무제표 분석에 있어서는 항상 재무상태표로 돌아가라고 할 수 있겠지.

황우성: 그럼 나머지 구성요소의 배치가 의미가 있다는 건 무슨 말이죠?

김태경: 그건 차근차근 알려줄게. 일단 따라 와 봐.

벤자민 그레이엄 Benjamin Graham
"The individual investor should act consistently as an investor and not as a speculator."

증권분석의 창시자이자 아버지로 불리우며 가치투자 이론을 만든 인물이다. 저서로 〈현명한 투자자〉, 〈증권분석〉이 있다. 그의 제자로 월터 슐로스와 워렌 버핏이 있다. 워렌 버핏은 벤자민 그레이엄의 저서 〈현명한 투자자〉를 수십 번 읽고 현재 세계 최고의 갑부가 되었다고 한다.

기업분석의 끝판왕!
에프에스봇(FSBOT)

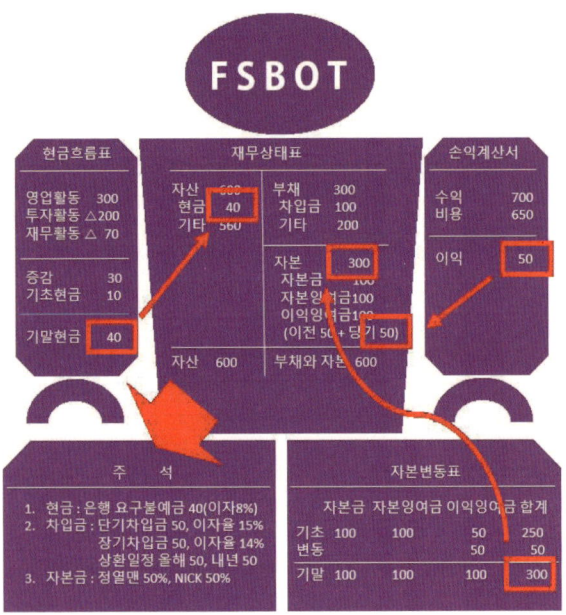

김태경: 우선 재무상태표의 우측 아래를 보면 이익잉여금이 있어. 이곳은 매년 손익계산서의 이익(당기순이익)이 누적되는 곳이야. 그래서 오른 쪽에 배치를 했지.

초보녀: 이익잉여금은 말 그대로 남아있는 이익이란 뜻인가 보네요.

김태경: 그리고 재무상태표의 왼쪽에는 현금이 보이지. 이 현금의 변동을 보여주는 것이 현금흐름표이기 때문에 현금흐름표를 왼쪽에 배치했어. 현금흐름표의 기말잔액은 재무상태표의 현금잔액과 일치해.

초보녀: 정말 40이라는 현금이 일치하고 있네요.

김태경: 또 오른 쪽 아래에 있는 자본변동표는 재무상태표의 오른 쪽 아래에 있어서 이렇게 배치한 거야. 자본변동표의 자본총계도 재무상태표 상의 자본총계와 일치해. 그리고 이 모든 재무제표의 상세설명서인 주석을 나머지 왼쪽 아래에 위치시켰어. 화살표로 나타내면 다음과 같지.

초보녀: 정말 재무제표는 뭔가 복잡해 보이는데 이렇게 놓고 보니깐 한눈에 들어오는 느낌이에요. 제대로 공부하면 기업분석 전문가가 될 수 있을 것 같아요.

황우성: 벤자민 그레이엄이나 웨렌버핏 같은 전설적인 투자자들은 모두 재무제표 분석에 통달했다!

초보녀: 그래서 오빠들이 재무제표 분석을 그렇게 강조하시는군요!

재무제표는
어디서 확인할까?

초보녀: 재무제표의 전체 구성은 알 수 있겠는데요. 그런데 이런 재무
　　　 제표는 어디서 확인할 수 있는 거죠?

김태경: 물론 자료는 인터넷으로 다 구할 수 있어. 주요 검색 포털에서
　　　 도 주식시장에 상장된 회사의 재무제표는 다 볼 수 있지만 원
　　　 본 자료를 보고싶다면, 전자공시(dart.fss.or.kr)사이트를 꼭 알아
　　　 야 하지.

구 분	내 용
재무상태표	일정시점(12월31일)의 자산, 부채, 자본 잔액
손익계산서	일정기간(1월1일~12월31일)동안에 발생한 수익, 비용, 이익, 손실 금액
현금흐름표	일정기간(1월1일~12월31일)동안의 현금변동 내역
자본변동표	일정기간(1월1일~12월31일)동안의 자본변동 내역
주석	상기 재무제표 및 회사에 대한 상세 설명서

황우성: 전자공시사이트는 나도 자주 들어가 보는데, 증권을 전문적으로 하는 사람들에게는 정보의 보고와 같은 곳이지! 그런데 상세 정보를 검색할 때는 나로서도 약간 어려워. 조건값으로 그룹화해서 봐야하는 게 약간의 전문성을 요구하지.

김태경: 우선은 전자공시 인터넷주소는 dart.fss.or.kr 이야. 포털에서 '전자공시'라고 검색해도 된다.

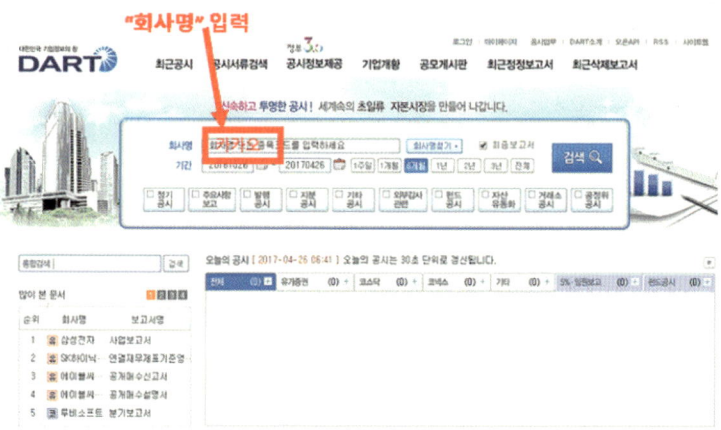

1. 검색하고 싶은 회사명을 중앙에 있는 검색창에 입력
2. 회사명에 원하는 회사를 입력 (ex. '카카오')

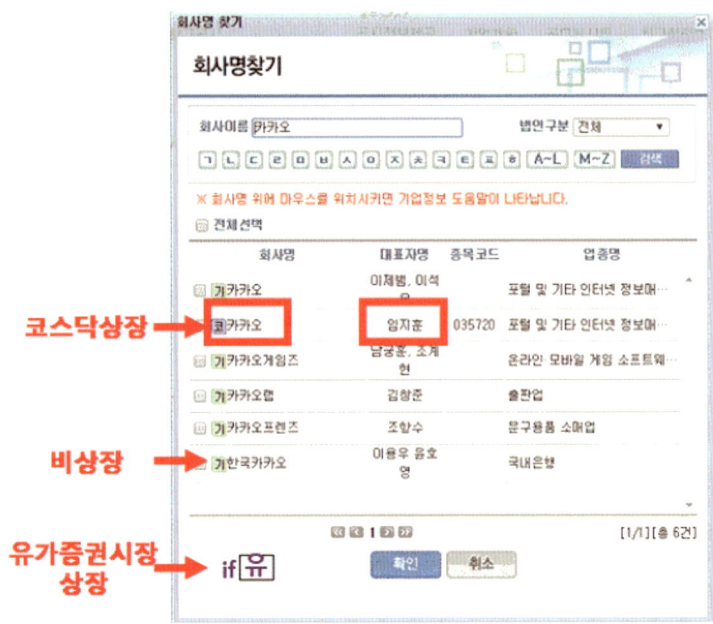

* '기'라고 표시된 건 '기타법인'을 나타내는 것으로 유가증권시장(코스피)이나 코스닥에 상장되지 않은 회사임: HTS로 매매 할 수 없음
* '유'라고 표시된 것은 유가증권시장 상장회사: HTS 매매 가능
* '코'라고 표시된 것은 코스닥 시장에 상장된 주식: HTS 매매 가능

황우성: 우리가 찾는 카카오는 '코'라고 표시되어 있고 대표이사가 임
　　　　지훈인 두번째 회사인 거지. 여기에 체크표시를 하고 기간 설
　　　　정을 전체로 하고 검색을 클릭하면 회사의 모든 공시된 보고
　　　　서가 나열이 돼.

번호	공시대상회사	보고서명	제출인	접수일자	비고
1	코 카카오	조회공시요구(풍문또는보도)에대한답변(미확정)	카카오	2017.04.20	코
2	코 카카오	조회공시요구(풍문또는보도)(유가증권시장 이전 상장 추진 보도)	코스닥시장본부	2017.04.20	코
3	코 카카오	결산실적공시예고	카카오	2017.04.19	코
4	코 카카오	기업설명회(IR)개최	카카오	2017.04.19	코
5	코 카카오	주식등의대량보유상황보고서(일반)	김범수	2017.04.17	
6	코 카카오	교환가액의조정	카카오	2017.03.31	코
7	코 카카오	사업보고서 (2016.12)	카카오	2017.03.31	연
8	코 카카오	임원·주요주주특정증권등소유상황보고서	송지호	2017.03.27	
9	코 카카오	주식등의대량보유상황보고서(일반)	김범수	2017.03.27	
10	코 카카오	사외이사의선임·해임또는중도퇴임에관한신고	카카오	2017.03.17	
11	코 카카오	사외이사의선임·해임또는중도퇴임에관한신고	카카오	2017.03.17	
12	코 카카오	사외이사의선임·해임또는중도퇴임에관한신고	카카오	2017.03.17	
13	코 카카오	사외이사의선임·해임또는중도퇴임에관한신고	카카오	2017.03.17	

금감원 FSS에서
재무제표 살펴보기 (필터 이용)

김태경: 자, 그럼 금감원FSS(전자공시) 사이트에서 어떻게 이용하는지 알아보도록 할까? 그냥 회사명을 치고 검색하면 재무제표 이외의 보고서들도 나오기 때문에 필터검색을 이용하면 편하지.

황우성: 주식매매를 위해 빠르게 재무제표를 살펴 보아야 하는 나에게 꼭 필요했던 거야.

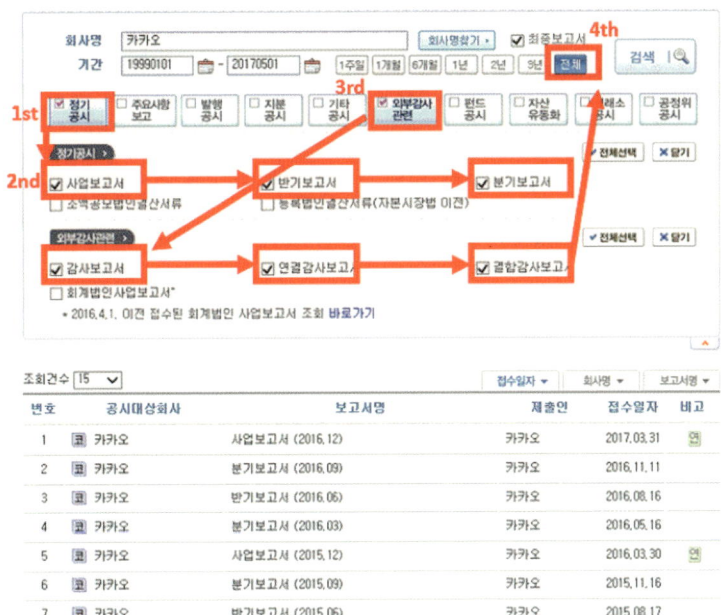

김태경: 먼저 기간 아래에 있는 필터 중에서 [1st] '정기공시'를 클릭해서 [2nd] 사업보고서, 반기보고서, 분기보고서를 체크해 봐. 그리고 [3rd] '외부감사관련'을 클릭해서 감사보고서, 연결감사보고서, 결합감사보고서를 클릭! 그러면 재무제표가 포함되어있는 보고서들이 쭉 나열이 되니까 선택해서 클릭하면 돼. 마지막으로 [4th] 기간에서 원하는 기간을 설정하면 돼. 기본설정은 6개월이야.

조회건수	15	∨			접수일자 ▼	회사명 ▼	보고서명 ▼
번호		공시대상회사	보고서명	제출인	접수일자		비고
1	코	카카오	사업보고서 (2016.12)	카카오	2017.03.31		연
2	코	카카오	분기보고서 (2016.09)	카카오	2016.11.11		
3	코	카카오	반기보고서 (2016.06)	카카오	2016.08.16		
4	코	카카오	분기보고서 (2016.03)	카카오	2016.05.16		
5	코	카카오	사업보고서 (2015.12)	카카오	2016.03.30		연
6	코	카카오	분기보고서 (2015.09)	카카오	2015.11.16		
7	코	카카오	반기보고서 (2015.06)	카카오	2015.08.17		

김태경: 큰 회사는 주로 회사에서 직접 사업보고서(분기, 반기 포함)를 공시하는 데, 이때 첨부로 감사보고서(연결, 별도 포함)를 공시하거든. 우선 사업보고서를 클릭해 보면 다음과 같은 화면이 뜨게 되지.

황우성: 왼쪽 문서목차에 표시되듯이 사업보고서에 표시되는 내용은 회사의 개요, 사업의 내용, 재무에 관한 사항 등, 회사에 대한 자세한 설명이 있어.

김태경: 전자공시시스템의 사업보고서를 열고 회사의 개요나 사업의 내용만 잘 읽어보아도 회사와 비즈니스에 대해 많은 것을 알 수 있어. 자세히 나와있기 때문에 현명한 투자자라면 주식 투자를 하기 전에 꼭 읽어보아야 해.

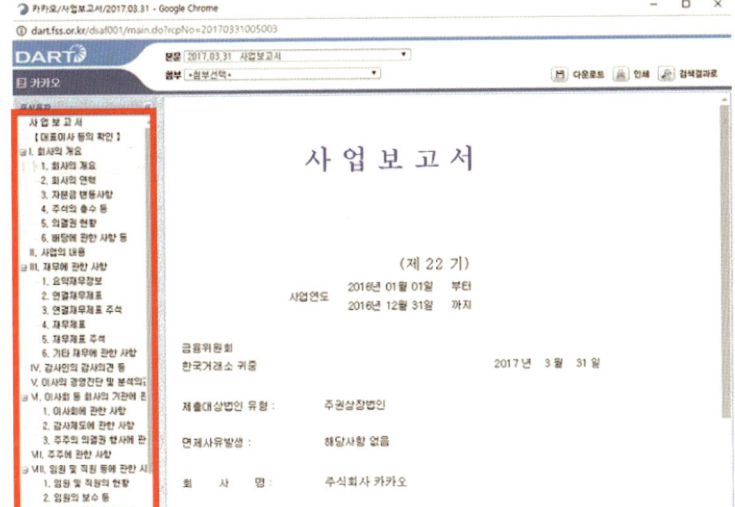

사업보고서가 포함하는 내용들

- 회사의 개요

- 사업의 내용

- 재무에 관한 사항

- 감사인의 감사의견

- 이사의 경영진단 및 분석의견

- 이사회 등에 관한 사항

- 주주에 관한 사항, 임원 및 직원 등에 관한 사항

- 계열회사 등에 관한 사항, 이해관계자와의 거래내용

- 그 밖에 투자자 보호를 위한 사항

임직원의
급여도 알 수 있다

김태경: 전자공시시스템에서 임직원의 급여까지도 확인할 수 있는데
　　　　그것도 알고 있니?

초보녀: 와~ 정말요? 소개팅 하기 전에 먼저 봐야 하겠네!

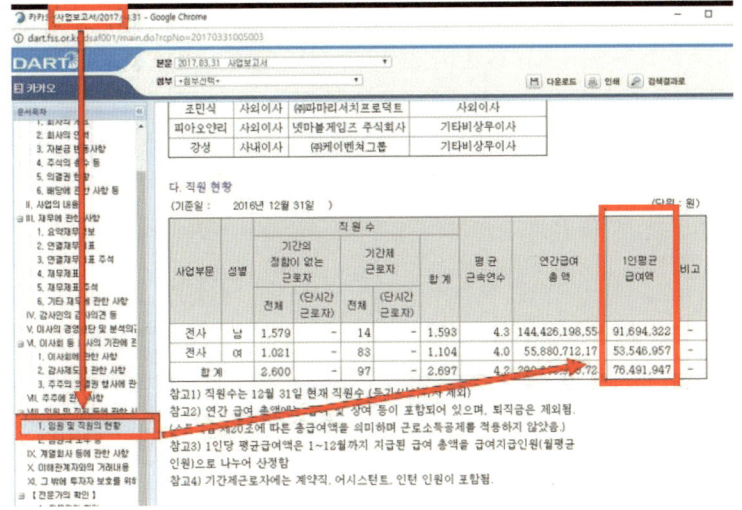

* 보다 정확한 연봉확인을 위해서 국민연금 빅데이터를 활용한 연봉
정보인 '크레딧잡'과 함께 비교시 정확성을 더 높일 수 있다.
(https://kreditjob.com/)

스마트폰 어플로 재무제표 살펴보기

1. '전자공시' 검색 (구글 플레이, 앱스토어)

2. 앱 설치: '금융감독원 모바일 전자공시'

3. 회사명 검색 → 분기 보고서, 사업보고서

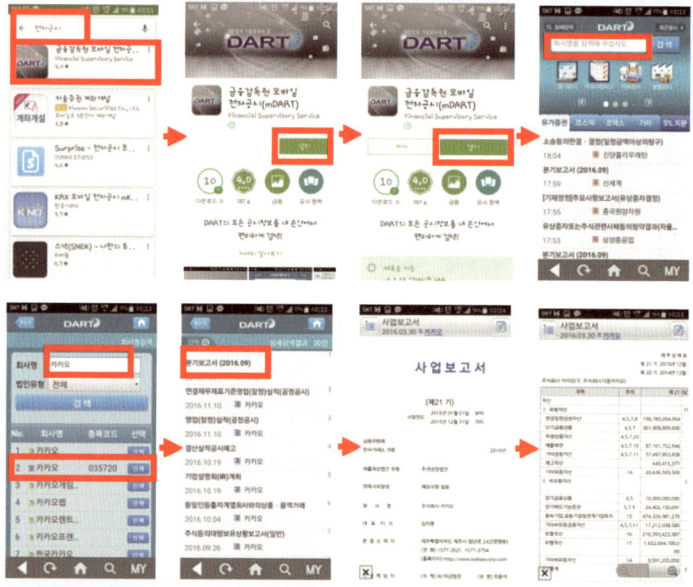

김태경: 그럼 본격적으로 재무제표에 대해서 하나하나씩 알아보도록
할까? 먼저 FSBOT에서 몸통 부분이고 재무제표의 가장 중심
인 재무상태표에 대해서 설명해 줄께.

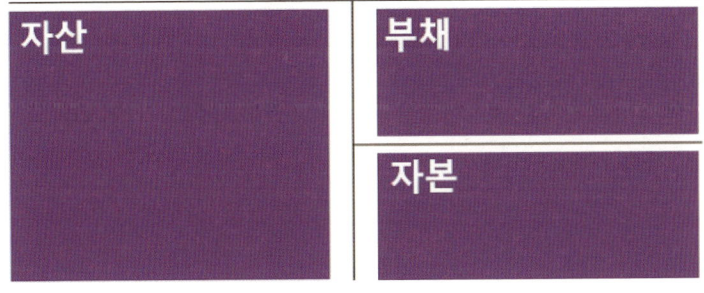

재무상태표
2016년 12월 31일 현재

초보녀: 에프에스봇? 뭔가 재밌는 느낌인데요?

김태경: 재무상태표는 쉽게 생각하면 특정일의 회사의 재무상태를 표시해주는 거야. 재무상태라는 건 자산, 부채, 자본의 금액을 말하는 것이라고 알아 둬. 재무상태표는 이렇게 세 가지 구획으로 나누어서 나타내고 있어.

초보녀: 이제부터 본격적으로 모르는 용어가 나오기 시작하는군.

김태경: 모르는 용어는 외우려고 하지말고 그냥 흘려버려. 계속 보다가 보면 자연적으로 알게 될 테니까. 믿고 따라와 봐.

황우성: 나도 처음에는 용어 때문에 애를 많이 먹었는데 확실히 반복밖에 답이 없는 것 같애.

김태경: 그림을 보면 우선 왼쪽에 있는 자산은 회사의 소유물을 나타내. 오른쪽 부분은 회사가 돈을 어떻게 조달했는지에 대한 내용이야. 부채는 채권자의 몫을, 자본은 주주의 몫을 표시해주고 있지.

황우성: 채권자는 돈을 빌려준 사람이고, 주주는 주식을 갖고 있는 사람(회사의 주인)이라는 것 정도는 알고 있지?

초보녀: 아! 그렇구나.

김태경: 은행에서 돈을 빌린 금액이 부채에 표시되고 주주(주식을 산 사람들)가 납입한 금액이 자본에 표시되지. 여기서 주주가 납입한 금액이란 회사의 주식을 사면서 지불한 돈이야. 이렇게 마련한 돈으로 회사는 공장건물을 산다든지, 회사에 필요한 기

재무상태표
2016년 12월 31일 현재

자산	부채
	자본
2nd 자금의 운용 **→ 그 돈으로 뭘샀니?**	**1st 자금의 조달** **→ 돈 마련 수단** **(차입 or 주주돈)**

부채와 자본으로 돈을 모아서 자산을 샀다.

계장치를 사야 하지. 그리고 회사업무를 위해 물품들도 사게 되는데, 이러한 내역이 재무상태표에는 왼쪽 '자산' 부분에 지불한 금액으로 표시가 돼. 그래서 흔히들 자산을 자금의 운용 내역, 부채와 자본을 자금의 조달내역이라고 해.

재무상태표의 왼쪽은 "회사의 소유물"
재무상태표의 오른쪽은 "회사가 돈을 어떻게 조달했는지"

초보녀: 그래서 이 표에서 뭘 확인할 수 있는 거죠?

김태경: 자산, 부채, 자본의 금액만으로 알 수 있는 건 이 회사가 100억 대 회사인지, 1,000억대 회사인지, 1조 원을 넘는 회사인지 회 사자산 규모를 알 수 있어. 그리고 회사의 운영을 주로 빌린 돈 으로 하는지, 주주의 돈으로 하는지도 확인할 수 있지. 특히 부 채가 자본에 비해서 과도하게 많으면 회사가 매년 이자비용을 많이 지출하게 되지. 혹시라도 만기가 돌아오는 대규모의 차 입금을 갚지못해서 부도가 날 위험도 있기 때문에 이것만 보 고도 많은 정보를 알 수 있지.

초보녀: 자산, 부채, 자본 총액은 정말 중요한 정보네요. 이야기를 듣고 보니 FSBOT이 이야기를 해 주는 것 같네요.

김태경: 재무제표는 비즈니스 언어라는 게 괜히 나온 말이 아니야. 계 속 재무제표를 보다 보면 어느 순간에 재무제표가 말을 걸고 있다는 걸 알게 돼. 물론 이것을 알아듣기 위해서는 영어를 배 우듯이 재무제표 언어에 익숙해질 필요가 있어.

황우성: 그럼 이 전체적인 구조를 저번에 말해 준 FSBOT에 넣어서 설 명해 줄 수도 있어요?

김태경: 물론 FSBOT에 숫자를 넣어서 보면 한 눈에 볼수 있지.

차입금(차입부채)	이자비용
원금과 이자를 지급 하기로 약정하고 자금을 차입한 것	차입금에 대해 일정기간 동안 지급하기로 약정한 이자율에 따라 발생한 비용

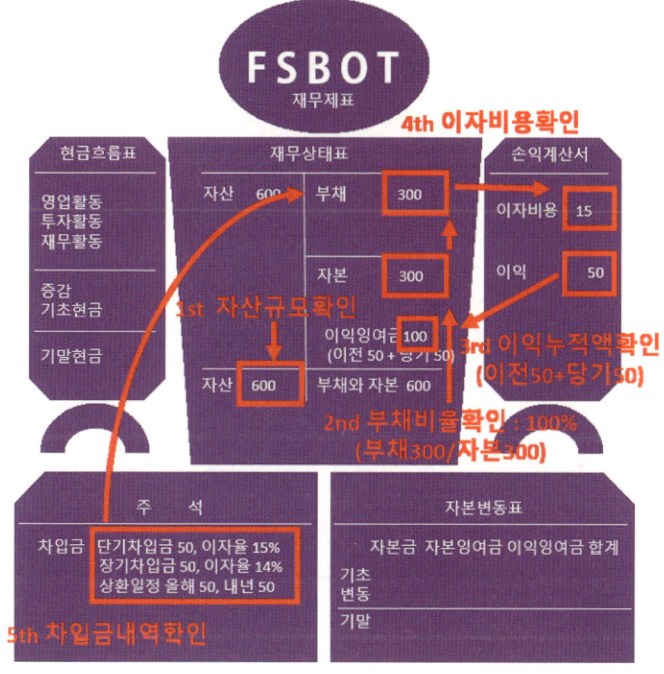

자산, 부채, 자본의 금액만으로 회사의 규모를 알 수 있다

김태경: 여기 그림처럼 재무상태표에서는 자산규모와 부채비율을 도
출하고, 지금까지 발생한 이익의 누적액은 이익잉여금으로 확
인해. 그리고 손익계산서에서는 부채(차입금)로 인해 지불하는
이자비용을 알 수 있고, 주석에서는 이 부채(차입금)에 대한 구
체적인 설명(이자율, 상환일정 등)을 확인할 수 있어.

☆ **체크포인트**

재무상태표에서 자산, 부채, 자본 확인하는 4단계

1st   회사자산의 규모확인 자산합계

2nd 부채, 자본의 규모와 적정성여부 확인

→ 부채비율(부채 ÷ 자본) x 100: 부채가 자본의 몇 배인지 확인

3rd   이익잉여금 확인 → 지금까지 이익의 누적액: (-)금액 주의

4th   손익계산서상 이자비용 확인

5th   주석에서 차입금의 상세내역(장/단기 차입금 규모, 이자율, 차입일, 상
환일정 등) 확인

〈실전〉 카카오 연결재무상태표 분석

카카오 연결재무상태표
2016년 12월 31일 현재

자산	부채
	1,781,173,329,468원
	2nd 부채비율 : 48%
	자본
	3,702,943,850,948원
3rd 이익의 누적액확인	이익잉여금
1st 자산규모확인	290,221,821,390원
	(이전 262,085,544,550원 + 당기 38,171,457,140원)
5,484,117,180,416원	5,484,117,180,416원

초보녀: 근데, 여기 재무제표를 보니 유동, 비유동으로 구분이 되어있는 데 이건 무슨 말이지?

김태경: 잘 봤어. 재무상태표는 기본적으로 유동성 배열법에 따라서 유동성이 높은 것이 위에 표시되지. 그리고 유동과 비유동을 구분하는 기준은 일반적으로 1년 내에 현금화 할 수 있는기로 보면 돼.

황우성: 그럼 1년 내에 만기가 돌아오는 예금 적금은 유동, 1년 이상 장기로 예치하는 예금 적금은 비유동으로 볼 수 있겠군.

재무상태표
2016년 12월 31일 현재

자산	부채
유동자산	유동부채
당좌자산	단기차입금
현금및현금성자산	매입채무
단기투자자산	미지급비용
매출채권	비유동부채
재고자산	사채
제품, 원재료 등	장기차입금
비유동자산	퇴직급여충당부채
투자자산	
유형자산	자본
무형자산	자본금
기타비유동자산	잉여금

자산/부채의 유동성 구분은
"가벼운 것이 위에 떠있다"는 것을 기억하자!

망할 회사를 찾아 낼 수 있다!
'유동'의 의미를 이해하자

김태경: '유동'이라는 말은 의미 그대로 잘 흘러다닐 것 같은 가벼운 것
이라고 생각하면 쉽게 이해할 수 있어.

유동자산은 당좌자산과 재고자산으로 구분하는데, 당좌자산
에는 현금과 거의 동일한 현금및 현금성자산, 단기에 투자목
적으로 보유하는 지분증권, 금융상품이 포함되는 단기투자자
산, 거래처에 외상매출을 하고 돈을 받을 권리로 보유하고 있
는 매출채권이 포함되지.

재고사산에는 기업에서 생산완료했거나 생산중인 세품, 새공
품, 투입되는 원재료 등이 포함돼.

그리고 비유동자산에는 투자목적으로 보유하는 부동산, 금융
상품 등의 투자자산, 건물, 토지 같은 쉽게 사고 팔 수 없는 유

형자산, 눈에 보이지 않지만 권리가 있는 영업권, 소프트웨어와 같은 무형자산 그리고 기타의 비유동자산이 포함되어 있어.

초보녀: 그런데 재무상태표를 보면 부채도 유동성을 분류하고 있는데? 자본은 유동성을 분류하고 있지 않고? 이건 무슨 목적이 있는 거 아닌가?

김태경: 잘 봤어. 자산과 마찬가지로 부채도 1년 내에 빌린 돈을 갚아야 한다면 유동성부채에 포함된 단기차입금으로 분류하고 1년이 지나서 갚아도 된다면 비유동성부채에 포함시키고 장기차입금으로 분류해.

그리고 유동성 부채에는 단기차입금 외에도 거래처에서 물건을 외상으로 구매하고 돈을 지급해야 하는 의무인 매입채무와, 아직 돈을 지급하지는 않았지만 지급해야 하는 각종 수도료, 전기료, 보험료, 급여 등이 포함된 미지급비용이 있어.

초보녀: 와~ 논리적으로 구분해 놨네요.

김태경: 유동성 부채가 1년 내에 지급이 있어야 한다면, 비유동성부채는 1년 이후에 지급을 해야하는 채무들로 구성되는데, 회사채를 발행하고 돈을 조달한 사채, 1년 이후에 돈을 갚아야 하는 장기차입금 그리고 1년이상 근속한 직원들에게 지급해야 하는 돈을 적립해 놓은 퇴직급여충당부채가 있어.

초보녀가 질문한대로 유동성을 분류하는 목적은 단기간에 회사의 재무상황을 알 수 있게 해 주기 때문이야.

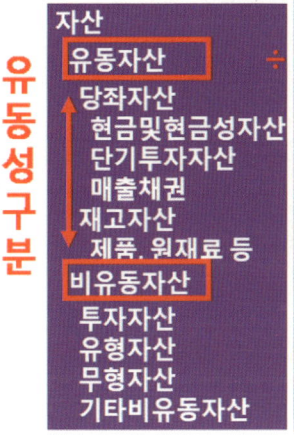
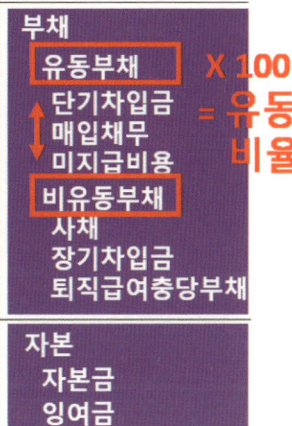

재무상태표
2016년 12월 31일 현재

유동성구분

자산	부채
유동자산 ÷	**유동부채** X 100
당좌자산	단기차입금 = 유동비율
현금및현금성자산	매입채무
단기투자자산	미지급비용
매출채권	**비유동부채**
재고자산	사채
제품, 원재료 등	장기차입금
비유동자산	퇴직급여충당부채
투자자산	
유형자산	**자본**
무형자산	자본금
기타비유동자산	잉여금

1년 내에 현금화할 수 있는 자산인 유동성자산은 회사에 들어오는 현금을 나타내는 것이고, 1년 내에 갚아야하는 유동성부채는 회사에서 현금이 나간다는 의미야.

따라서 1년내에 회사에 들어오는 현금보다 나가는 현금이 더 많다면 회사는 1년내에 망할 수 있다는 것이지.

그렇기 때문에 은행에서 대출을 해주거나, 신규거래처를 선정할 때나 당장에 망하지 않을 회사를 고를 때 가장 유의해서 보아야 할 것은 유동성비율이야.

유동 vs 비유동	유동비율(%)
유동: 1년 내에 현금화 가능	산식: 유동자산÷유동부채x100
비유동: 1년 이후 현금화 가능	의미: 1년내에 재무상태의 건전성여부판단 → 100이상: 1년내 망할위험↓ → 100미만: 1년내 망할위험↑

황우성: 나는 습관적으로 유동, 비유동을 구분해서 보고 유동성비율을 분석했었는데 이런 의미가 숨어있는 거였구만. 그런데 자본은 왜 유동성 구분을 하지 않는 거지?

김태경: 자본은 유동성을 구분하는 의미가 없지. 부채 중에 차입금을 예로 든다면, 빌려온 돈은 상환 스케줄에 따라서 갚아나가야 해. 하지만 회사는 이익이 쌓였을 경우에 주주에게 배당을 지급하게 되지.

그래서 주주입장에서는 이익이 얼마나 어떻게 쌓였는지가 중요하기에 배당을 할 수 없는 주주가 납입한 자본금과 회사의 영업으로 쌓인 잉여금을 구분하는 것이 의미가 있지. 물론 구체적으로는 더 세분화 돼.

유동비율 구하는 법:

유동성자산을 유동성부채로 나누어서 구합니다. 백분율(%)로 표시하기 위해서 100을 곱해 줍니다. 만약에 이 비율이 100보다 작다면, 유동성부채가 더 많다는 의미이므로 1년 안에 망할 우려가 있다는 의미이므로 유의합시다.

〈실전〉 카카오 유동비율 계산하기

카카오 연결재무상태표
2016년 12월 31일 현재

자산 **유동자산** 1,216,958,016,369원 ÷	**부채** **유동부채** 806,019,918,989원 X 100 = 151 (유동비율) **비유동부채** 975,153,410,479원
비유동자산 4,267,159,164,047원	
	자본 3,702,943,850,948원
5,484,117,180,416원	5,484,117,180,416원

유동비율이 100미만이면
1년 내에 망할위험이 높다는 것을 기억하자!

강북 에이스 김태경 회계사의
기업 분석 비법

1. 회사 규모 확인

재무상태표에서 자산, 부채, 자본을 확인하자.

회사자산의 규모는 '자산합계'를 보면 된다.

2. 부채를 '잘 쓰고 있는' 똑똑한 기업인가를 본다.

부채가 많다고 무조건 나쁜 게 아니야!

오히려 부채를 적절히 쓰는 회사가 똑똑한 기업이지.

자본 대비 부채가 얼마나 되느냐가 중요하다!

부채비율(부채 ÷ 자본) x 100 부채가 자본의 몇 배인지 확인.

3. 회사의 건강상태, 이익의 누적액과 이자비용 확인.

지금까지 벌어들인 이익의 누적치인 이익잉여금과 현재

부담하고 있는 이자비용을 확인하면 회사가 건강한지를

알 수 있다.

(물론 배당이 발생했다면 이익잉여금은 배당이 차감된 잔액)

4. 좋은 돈을 빌렸나, 나쁜 돈을 빌렸나? (주석)

　차입금의 상세내역을 알 수 있지.

　이 회사가 좋은 돈을 빌렸는지, 나쁜 돈을 빌렸는지:

　장/단기 차입금 규모, 이자율, 차입일, 상환일정 등.

5. 망하는 기업 걸러내기

　이익잉여금이 (−)금액인 경우 결손금이라고 하는데, 결손금이

　누적된 회사, 특히 자본합계까지 (−)금액인 완전 자본잠식이

　발생한 회사와 유동비율이 100미만인 회사는 조심.

회사는 도대체 얼마를 번 것일까?
손익계산서

초보녀: 회사가 얼마의 돈을 벌었는지 어떻게 알 수 있지? 이익도 여러
종류가 있어서 헷갈려요.

황우성: 보통 회사에 대해 분석할 때, 제일 먼저 보는 건 이익 아닌가?
영업이익이 얼만지? 영업이익율은 산업평균에 비해 높은지 낮
은지? 이런 걸로 그 회사의 주가가 높은지 낮은지 앞으로 전망
이 어떤지를 판단하잖아.

김태경: 맞아. 지금 현재 회사의 성과를 분석하는 데는 손익계산서를
중심으로 분석하는 것이 옳아. 그리고 여러 기간 동안의 손익
계산서를 동시에 보면서 이익이 증가추세인지, 감소추세인지
를 살펴보는 것도 그 회사를 분석하는 좋은 방법이야.

초보녀: 그럼 이제 손익계산서에 대해서 한 번 설명해 주세요.

김태경: 그럼 손익계산서를 설명하기에 앞서 손익계산서가 앞에서 설명한 재무상태표와 어떤 관계에 있는지 다시 한번 생각해 보도록 해.

아래 그림에 표시되어 있듯이 손익계산서상의 이익은 재무상태표의 자본으로 누적이 돼. 정확하게는 이익잉여금으로 누적이 되지.

자본의 구성	내 용
자본금	발행주식 액면 총액의 합 ex) 액면가액 1,000원, 　　　발행주식수 100,000주 　　　→ 자본금 100,000,000원 　　　　　(=액면가액x발행주식수)
자본잉여금	자본의 증자나 감자 등과 같은 주주와의 거래로 인해 자본을 증가시키는 잉여금 ex) 주식발행초과금, 자기주식처분이익, 감자차익 등
이익잉여금(결손금)	손익계산서 상 손익의 누적액으로 배당, 자본금 전입, 자본조정 상각 등으로 처분된 금액을 차감한 잔액

초보녀: 결국에 손익계산서에서 발생하는 이익은 모두 재무상태표에
　　　　서 확인할 수 있는 것이구나.

김태경: 꼭 그렇지는 않아. 이익이 누적되기는 하지만 이익잉여금에 쌓
　　　　인 이익은 주주가 배당으로 받아가면 차감되게 돼. 결국에 재
　　　　무상태표에서 확인되는 이익잉여금은 사업개시부터 발생한
　　　　이익의 누적액에서 배당으로 지급하고 남은 금액이지.

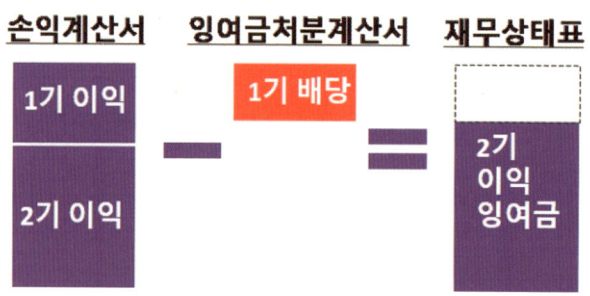

이익(잉여금)의 누적과정

김태경: 그리고 손익계산서는 제조업을 기본으로 본다면, 기본적으로 회사의 영업활동에 따른 주요 수익인 매출액, 매출액에 대응하는 직접적인 비용인 매출원가가 있으며, 매출액에서 매출원가를 차감해서 첫 번째 이익인 매출총이익이 산출돼.

손익계산서
2016년 1월 1일부터 2016년 12월 31일까지

매출액	800,000,000,000 원
매출원가	(-) 640,000,000,000 원
매출총이익	160,000,000,000 원
판매비와관리비	(-) 96,000,000,000 원
영업이익	64,000,000,000 원
영업외수익	300,000,000 원
영업외비용	(-) 100,000,000 원
법인세차감전순이익	64,200,000,000 원
법인세비용(20%)	(-) 12,840,000,000 원
당기순이익	51,360,000,000 원
주당이익(주식 1,000,000주)	주당 51,000 원

김태경: 위의 도표는 이해를 돕기 위해 법인세비용을 법인세비용 차감전순이익의 20%로 간주하고 만든 거야.

초보녀: 그럼 매출총이익은 어떤 의미가 있는 거지?

김태경: 매출액에 직접 대응하는 원가를 뺀 이익을 말하는 거지. 하나의 상품을 판매한다고 했을 때, 회사가 100원에 구입을 해서 120원에 판매한다면, 120원이 매출액이고 직접적으로 투입된 원가인 100원이 매출원가가 되는 거지. 하지만 이 상품을 판매

하기 위해, 사무실을 임차했다든지, 판매를 위한 직원을 고용했다면, 이러한 비용들은 포함되지 않아.

이렇게 판매와 관리에 관련한 비용들을 판매관리비로 구분하는데 매출총이익에서 판매관리비를 차감해서 두 번째 이익인 영업이익이 산출되지.

황우성: 기업분석에서 가장 많이 활용하는 이익이 영업이익이야. 하지만 그 아래에 있는 당기순이익과의 차이점을 솔직히 나는 잘 모르겠어. 다들 영업이익으로 분석을 해서 나도 그렇게 하고는 있는데.

김태경: 기업분석에서 영업이익과 당기순이익을 구분짓는 가장 큰 차이점은 이익이 기업의 영업활동으로 발생했느냐 다른 활동으로 발생했느냐 거든.

초보녀: 기업에서 물건 만들어 파는 것 말구 다른 활동으로 발생하는 이익이요?

김태경: 맞어. 영업과는 관련이 없이 발생하는 은행 이자비용이나 정기예금 이자수익 같은 손익과, 국가에 세금으로 납부하는 법인

세비용이 모두 가감된 당기순이익의 차이지. 따라서 실제 재무상태표에 누적되는 회사의 진짜 이익은 당기순이익이지만 회사의 실제 영업으로 인한 성장성을 판단하려면 영업이익으로 판단하는 게 옳은 거지.

☆포인트 정리

용 어	설 명
매출액	주된 영업에서 발생하는 상품, 제품, 용역 등의 제공으로 발생하는 총수익
매출원가	당기에 발생한 매출액에 대응하는 원가로 판매된 제품이나 상품 등을 제조하는 데 들어간 제조원가 또는 구입하는 데 소요된 매입원가
매출총이익 (= 매출액-매출원가)	매출액에 대응하는 매출원가를 차감한 이익
판매관리비	제품, 상품, 용역 등의 판매를 위한 광고선전비, 접대비, 운반비와 인사, 회계 등 관리를 위한 비용
영업이익 (=매출액 - 매출원가 - 판매관리비)	영업으로 발생하는 총수익에서 이에 대응하는 매출원가와 판매관리를 위한 비용을 차감한 오로지 영업활동으로만 발생하는 이익
영업외수익	예금/적금에서 발생하는 이자수익, 건물/기계장치 등의 처분이익 등 주된 영업활동과 관련이 없는 수익
영업외비용	차입금에서 발생하는 이자비용, 건물/기계장치 등을 회사의 장부에 계상된 금액 이하로 처분하여 발생하는 처분손실 등 주된 영업활동과 관련이 없는 비용
법인세차감전이익 (=매출액 - 매출원가 - 판매관리비 ± 영업외수익(비용))	국가에 납부하는 법인세비용을 차감하기 전 이익
법인세비용	법인이 과세기간 동안 발생한 이익에 대해 납부하여야 하는 법인세
당기순이익 (=매출액 - 매출원가 - 판매관리비 ± 영업외수익(비용) - 법인세비용)	회사에서 일정기간 동안 발생한 모든 수익에서 비용을 차감하고 순수하게 남은 이익. 당기순이익은 자본항목 중 이익잉여금으로 누적되며 이것은 주주의 몫이다.

☆ 주요 개념 정리

제품(제조업)	상품(도매업)	용역(서비스업)
회사에서 직접 제조해서 판매하는 것	다른 회사에서 구매한 물품을 판매하는 것	유형의 물품이 아닌 무형의 서비스를 제공하는 것

초보녀: 그런데 수익이니 비용이니 이익이니 손실이니 이런 개념이 너무 헷갈리는데?

김태경: 일단 수익이라는 말이 붙는 건 매출액(수익), 영업외수익이 있지. 이것들은 비용이 포함된 개념이야. 비용은 이러한 수익이 발생하기 위해서 지출한 것으로 매출원가(비용), 판매관리비(비용), 영업외비용, 법인세비용이 있지. 그리고 이익과 손실은 수익에서 관련된 비용을 차감한 차액개념이야. 매출총이익(손실), 영업이익(손실), 법인세차감전이익(손실), 당기순이익(손실)이 있지.

황우성: 무심코 습관적으로 쓰는 용어였는데 그런 의미가 있었군요. 수익, 비용은 총액개념, 이익, 손실은 순액개념으로 봐도 되겠지요?

김태경: 그렇게 보면 쉽게 이해할 수 있겠지.

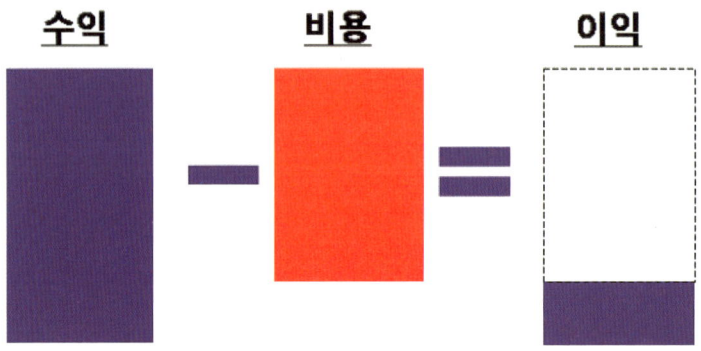

수익(=비용+이익)	비용
비용이 차감되지 않은 총수익	수익발생을 위해 부담하게 되는 비용

이익(수익〉비용)	손실(수익〈비용)
수익에서 비용 차감 시 수익이 비용보다 큰 경우	수익에서 비용 차감 시 수익보다 비용이 큰 경우

회사의 이익은
회사 것이 아니다?

김태경: 손익계산서를 잘 살펴보면 이해관계자들에게 할당된 몫을 알
수 있어. 영업외비용에 있는 이자비용은 채권자(차입금)의 몫이
고, 법인세비용은 국가가 가져가는 몫, 당기순이익은 최종 결
과물로서 주주의 몫을 표시해주는 거지.

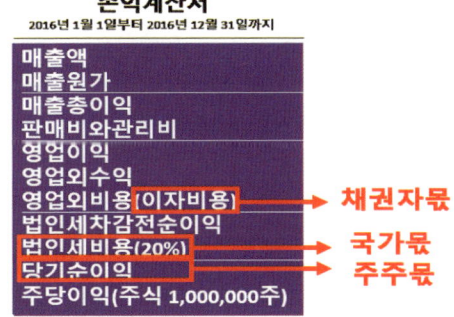

손익계산서
2016년 1월 1일부터 2016년 12월 31일까지

매출액
매출원가
매출총이익
판매비와관리비
영업이익
영업외수익
영업외비용 (이자비용) → 채권자몫
법인세차감전순이익
법인세비용(20%) → 국가몫
당기순이익 → 주주몫
주당이익(주식 1,000,000주)

초보녀: 이런 구분은 재무상태표와도 연결지어서 볼 수 있는 거 아닌 가? 차입금, 자본 이런 식으로 구분되잖아.

김태경: 재무상태표와 연관지어서 종합적으로 보면 이렇게 나타나지. 부채에 있는 빌린 돈인 차입금 100억 원에서 매년 5%이자율 로 이자비용 5억 원이 발생하고, 국가에는 법인세비용 20%로 13억 원의 법인세를 부담하고 최종적으로 남은 당기순이익 50 억 원은 자본 중에서 이익잉여금으로 계속 누적되는 것이지.

황우성: 재무상태표와 손익계산서는 분리된 게 아니고 유기적으로 연 결이 계속 되는구나. 재무상태를 볼 때는 재무상태표만 보고 손익분석에는 손익계산서만 보고 했는데, 앞으로는 연관관계 를 생각하면서 기업분석을 해야겠어.

회사가 번 돈에서 떼일 것들이 많구나!
채권자, 국가, 주주가 한몫씩 챙겨가네

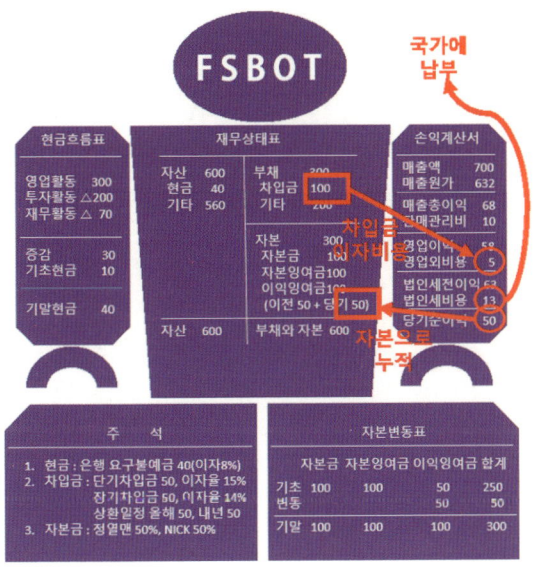

초보녀: 그런데 재무상태표를 봤을 때는 부채비율이나, 유동비율 같은 분석을 할 수 있다고 했잖아. 손익계산서를 보고 분석할 수 있는 건 없나?

김태경: 손익계산서를 알고 나면 이제부터는 분석할 수 있는 것들이 무궁무진해. 아마 너무 많아서 정신을 못차릴 테니 하나씩 기억하도록 해.

황우성: 제일 쉽게 할 수 있는 건. 영업이익율, 당기순이익율 분석일 것 같은데.

김태경: 재무상태표를 척 보고 알 수 있는 게 총자산규모, 부채규모, 자본규모이듯이, 손익계산서를 보면 제일 먼저 알 수 있는 게 매출액규모, 영업이익규모, 당기순이익규모지. 이것으로 회사의 사업스케일을 알 수 있지. 그리고 영업이익을 매출액으로 나누어서 영업이익율, 당기순이익을 매출액으로 나누어서 당기순이익율도 알 수 있지.

손익계산서는 매출액, 영업이익, 당기순이익을 알려준다

좋은 기업은 어떻게 찾나?
영업이익률과 당기순이익률로 살펴보자

초보녀: 근데, 영업이익율, 당기순이익율이 어떻게 나와야 좋은 기업인 거지?

황우성: 한 회사 자체만을 두고 평가한다면, 이익율은 높은 것이 당연히 좋아. 영업이익율이 10%라면 회사가 100원에 물건을 팔아서 영업관련 비용을 빼고 나면 10원이 남는다는 말이고, 많이 남을수록 가격을 높게 받고 있다는 말이거나 비용을 효율적으로 적게 쓰고 있다는 말이니, 많이 남는다는 것은 회사가 경영을 잘하고 있다는 의미지.

영업이익율, 당기순이익율은 회사자체로도 의미가 있지만 동종업권과 비교하기 위해서 필요한 거야. 내가 분석한 회사의 영업이익율이 5%인데 유사업종 평균은 8%라면 이 회사는 영업을 잘 한다고 말할 수 없는 것이지. 주식투자의 대상으로 삼는다면 동종 업계에서 이익율이 높은 회사를 찾는 것이 당연히 좋겠지.

초보녀: 그런데 올해만 운이 좋아서 이익이 많이 발생했을지도 모르잖아?

황우성: 그래서 보통 기업분석을 할 때는 기본적으로 3개년치 자료를 모아서 비교해보지. 주가도 그렇지만 추세를 분석하는 게 중요해. 이익율이 증가하는 추세인지. 매출액은 증가하고 있는지. 감소하고 있는지. 이익율이 감소하고 있다면 매출액이 감소했거나 매출원가, 판관비와 같은 비용이 증가했을 텐데, 그 이유는 무엇인지? 외부요인인지? 회사 내부요인인지?

초보녀: 알아야 할 것들이 기하급수적으로 늘어나는 느낌인데. 그래도 뭔가 재미있어요!

손익계산서
확인하는 순서

김태경: 일단 손익계산서를 처음 봤을 때는 이런 순서로 확인하는 게
좋아.

① 회사가 이익이 나는지 적자 인지를 판단한다

김태경: 매출액규모를 확인해서 회사규모를 가늠한 다음 영업이익, 당
기순이익을 확인해서 이익이 나는 회사인지 적자가 나는 회사
인지를 확인해야지. 또 영업이익과 당기순이익이 법인세비용
만큼만 차이난다면 그냥 넘어가고 차이가 크다면 큰 금액이
무엇인지 확인해야지.

② 영업이익률과 당기순이익율을 본다

김태경: 그리고 나서 영업이익율, 당기순이익율을 구해서 매출액에 비해 이익율이 어느 정도인지 확인하고, 동종업종 이익율과 비교해 보도록 해.

③ 3년 동안 어떤 추세인가 본다

김태경: 마지막으로는 이러한 자료가 3개년 동안 어떤 추세로 진행되고 있는지 확인하는 거지. 그리고 무언가 이해가 안되거나 특이한 사항이 있다면, 손익계산서 옆에 있는 주석번호를 보면서 주석에서 상세내용을 확인하거나 인터넷으로 관련 자료를 검색해 보는 거지.

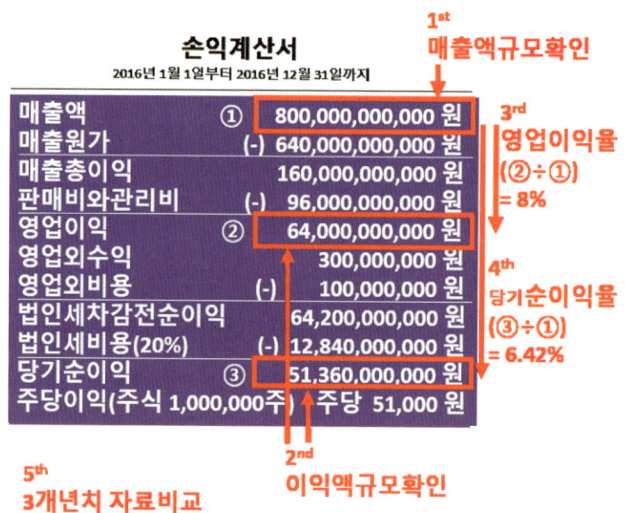

순서	체크사항
1st 매출액 규모확인	회사의 사업규모 확인
2nd 이익 규모 확인	사업으로 어느 정도의 이익을 내고 있는지 확인 영업이익 ↔ 당기순이익 차이가 법인세비용보다 크다면 영업외수 익, 비용 중 큰 금액의 원인 파악
3rd 영업이익율 산출	매출액에 비해 영업으로 발생하는 영업이익의 비율 확인 → 동종업종과 비교
4th 당기순이익율 산출	매출액에 비해 순수하게 회사에 누적되는 당기순이익의 비율 확인 → 동종업종과 비교
5th 3개년치 자료 확인	매출액, 이익(율)의 3개년치 추세를 확인하여 변동이 크다면 원인 분석(주석 참조 및 인터넷 검색)

〈실전: 카카오손익분석〉

카카오 3개년 연결손익계산서

	제 22 기	제 21 기	제 20 기
영업수익	1,464,232,790,315	932,151,827,086	498,857,728,726
영업비용	1,348,097,734,514	843,563,530,081	322,430,634,432
영업이익	116,135,055,801	88,588,297,005	176,427,094,294
기타수익	25,257,035,492	25,198,393,872	1,650,642,135
기타비용	31,405,978,271	25,978,106,357	13,146,463,870
금융수익	24,672,790,081	29,904,214,794	6,637,692,619
금융비용	23,979,488,173	3,697,056,018	128,990,672
지분법이익	1,014,827,641	3,450,964,137	180,723,991
지분법손실	11,398,630,463	7,923,738,683	2,791,581,326
법인세비용차감전순이익	100,295,612,108	109,542,968,750	168,829,117,171
계속사업법인세비용	34,840,495,125	30,778,211,036	19,007,607,003
당기순이익	65,455,116,983	78,764,757,714	149,821,510,168
영업이익율	8%	10%	35%
당기순이익율	4% ▲2%	8% ▲25%	30%

1. 영업이익율, 당기순이익율 모두 감소추세
2. 영업수익은 증가하고 있으나
영업이익의 증가는 미미함
당기순이익은 지속적으로 감소

초보녀: 손익계산서는 일년 동안의 성적표이고, 재무상태표는 지금까지 받은 성적표를 모두 모아놓은 것 같아.

황우성: 맞아! 매년의 성적표를 모아서 현재의 추세를 보는 게 중요해. 올라가고 있는지 떨어지고 있는지. 특히나 매출액은 하락하고 있는 추세라면 해당 업종 자체가 사양산업으로 가고 있는 것인지. 단순히 해당 회사의 역량 부족으로 떨어지고 있는 것인지 반드시 확인을 해야 해. 그래야 앞으로 주가가 상승할 여력이 있는지, 추가로 더 하락할 것인지 판단할 수 있지.

☆자본의 효율성 판단: ROE, ROA

단순히 이익의 발생액만 비교하는 것이 아니라 얼마를 투입해서 그만큼의 이익을 발생시켰는지 자본의 효율성을 판단하는 지표로 ROE와 ROA가 있다.

ROE는 당기순이익을 자본총계로 나누어서 자본 1원당 이익의 발생액을 구하고, ROA는 당기순이익을 자산총계(부채총계+자본총계)로 나누어서 전체 자산 1원당 이익의 발생액을 구하여서 투입한 자본(자산)의 효율성을 판단하는 것이다.

ROE와 ROA가 높다는 것은 같은 자본(자산)을 투입해서 이익을 많이 발생시킨다는 의미로 자본 효율성이 높다고 할 수 있다.

〈실전: 카카오 ROE, ROA분석〉

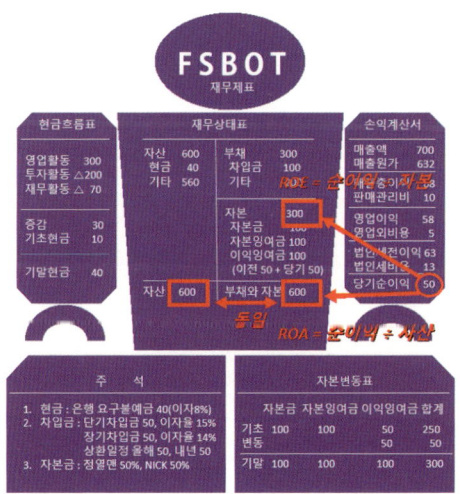

카카오 3개년 연결손익계산서

	제 22 기	제 21 기	제 20 기
영업수익	1,464,232,790,315	932,151,827,086	498,857,728,726
영업비용	1,348,097,734,514	843,563,530,081	322,430,634,432
영업이익	116,135,055,801	88,588,297,005	176,427,094,294
기타수익	25,257,035,492	25,198,393,872	1,650,642,135
기타비용	31,405,978,271	25,978,106,357	13,146,463,870
금융수익	24,672,790,081	29,904,214,794	6,637,692,619
금융비용	23,979,488,173	3,697,056,018	128,990,672
지분법이익	1,014,827,641	3,450,964,137	180,723,991
지분법손실	11,398,630,463	7,923,738,683	2,791,581,326
법인세비용차감전순이익	100,295,612,108	109,542,968,750	168,829,117,171
계속사업법인세비용	34,840,495,125	30,778,211,036	19,007,607,003
당기순이익	65,455,116,983	78,764,757,714	149,821,510,168
영업이익율	8%	10%	35%
당기순이익율	4%	8%	30%
자본총계	3,702,943,850,948	2,585,474,995,627	2,463,228,066,974
자산총계	5,484,117,180,416	3,188,477,733,309	2,768,024,898,489
ROE	2%	3%	6%
ROA	1%	▲2% 2%	▲25% 5%

1. **자본이익률(ROE), 총자산이익률(ROA) 모두 감소추세**
2. **자본과 자산의 증가에 비해 당기순이익은 감소**
3. **투자효율이 떨어지고 있음**

돈의 흐름은 건강한가?
현금흐름표

황우성: 그럼 당기순이익으로 발생한 이익은 모두 현금으로 기업에 쌓여있겠네. 얼마 전에 정부에서 배당하지 않는 이익잉여금에 세금을 부과한다는 말을 들은 것 같은데?

김태경: 당기순이익으로 발생한 이익은 이익잉여금으로 자본에 누적되는 것은 맞지만 현금으로 쌓여있는 것은 아니야. 자본에서 발생한 금액은 동액만큼 자산에도 계상하게 되는 데(대차평균의 원리) 자산의 형태는 현금이 아닐 수는 있어. 즉, 이미 기계장치를 구매하는 데 사용되었을 수도 있고, 재고자산을 구성하거나 타회사의 주식에 투자하는데 사용되었을 수도 있어. 또한 연구개발활동에 사용되어 개발비로 자산화 될 수도 있겠지.

초보녀: 그럼 이익잉여금으로 있는 돈을 배당으로 받을 수 없는 건가?

김태경: 주주총회에서 배당결의가 나면 배당재원을 마련하기 위해서 회사가 가지고 있는 자산을 현금화시키는 과정이 선행되겠지. 따라서 배당은 회사에 무리가 가지 않는 수준에서 이루어지기 마련이지.

황우성: 그럼 회계상의 이익발생액 못지 않게 회사의 현금흐름을 파악하는 것도 필요할 것 같은데.

김태경: 그래서 재무제표에는 현금흐름표라는 것이 있어. 발생주의로 계상되는 재무상태표, 손익계산서의 단점을 보완하고 실제로 현금의 흐름을 추적해서, 회사가 영업을 통해서 번(쓴) 돈이 얼마인지, 투자활동을 통해서 쓴(번) 돈이 얼마인지, 재무활동으로 쓴(번) 돈이 얼마인지 현금을 중심으로 기업의 활동을 살펴보는 것이지.

순서	체크사항
1st 당기의 현금 증감확인	기초금액은 전기 재무상태표 현금잔액, 기말은 당기 재무상태표 현금잔액, 차액이 당기의 현금증감액
2nd 증감요인 분석	현금흐름표의 선순환은 영업활동(+)으로 번돈으로 투자활동(-)에 사용하고, 재무활동(-)으로 차입한 돈을 상환하는 것이다. 대규모 투자를 위해 추가 차입하여 재무활동(+) 일 수도 있으므로 이 경우 원인파악이 필요하다.
3rd 영업활동	일반적인 간접법 현금흐름표는 회사의 회계상 당기순이익에서 출발해서 실제 현금의 유출입을 조정
4th 투자활동	투자활동으로 지출되는 금액과 투자자산의 처분으로 유입되는 금액
5th 재무활동	기업의 필요에 의해 조달되는 금액과 조달된 금액 중 상환된 금액과 배당으로 지급된 금액

초보녀: 영업활동? 투자활동? 재무활동? 무슨 말인지 전혀 모르겠는
데…

김태경: 영업활동은 제품 생산, 상품 및 용역의 구매/판매활동을 말하
고, 재무활동은 돈을 빌려주고 갚는 것, 유가증권, 투자자산,
유형자산, 무형자산의 취득과 처분에 따른 활동을 말해. 그리
고 마지막으로 재무활동은 돈을 빌리고 갚는 것, 새롭게 주식
을 발행하거나 배당금을 지급하는 활동을 말해.

황우성: 회사에 이익은 많이 발생하는데 실제 돈도 많이 들어오고 있

는지도 확인할 때 유용하겠네.

김태경: 그리고 이익이 많이 발생하는데 현금흐름은 (-)마이너스라면, 이유가 무엇인지도 파악해 볼 수 있지. 재투자를 통해 기계장치같은 걸 사고 있는지(투자활동), 빌린 돈을 갚고 있는지(재무활동)를 보고 판단해야지. 재투자에 쓰고 있다면 긍정적일 테지만 돈 갚느라 정신없는 회사라면 부정적이겠지.

초보녀: 그러면 영업활동, 투자활동, 재무활동은 (+)플러스가 되는 게 좋은 회사겠네? 돈이 회사로 들어오는 거니까?

김태경: 그렇지는 않아. 영업활동은 (+)플러스인게 확실히 좋지만, 투자/재무활동은 (-)마이너스인 게 일반적이지. 영업으로 벌어들인 돈(+)으로 투자하고(-), 빌린 돈을 갚고 배당을 지급하는 게(-) 기업활동의 선순환이라고 볼 수 있지.

황우성: 이렇게 도출된 최종적인 기말현금액이 재무상태표에 있는 현금 잔액이 되는 거겠군.

김태경: 현금흐름표가 재무상태표의 현금을 설명해주는 것처럼 재무제표의 중심은 재무상태표이고 나머지 손익계산서, 현금흐름표, 자본변동표, 주석은 이런 재무상태표의 구성항목들을 설명해주고 있는 구조로 되어 있어.

초보녀: 손익계산서는 이잉잉여금의 변동을 설명해주고, 현금흐름표는 현금의 변동, 자본변동표는 자본의 변동을 설명해주고, 주석은 세부 설명서 같은 느낌이군.

〈실전: 카카오 현금흐름표 분석〉

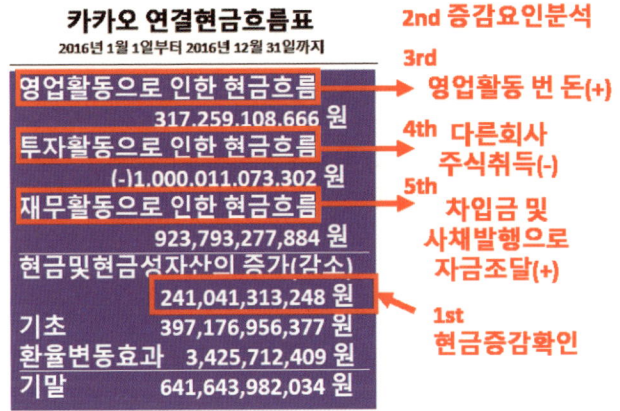

카카오 연결현금흐름표
2016년 1월 1일부터 2016년 12월 31일까지

영업활동으로 인한 현금흐름	**2nd 증감요인분석**
317,259,108,666 원	**3rd** 영업활동 번 돈(+)
투자활동으로 인한 현금흐름	**4th** 다른회사 주식취득(-)
(-)1,000,011,073,302 원	**5th** 차입금 및
재무활동으로 인한 현금흐름	사채발행으로
923,793,277,884 원	자금조달(+)
현금및현금성자산의 증가(감소)	
241,041,313,248 원	**1st** 현금증감확인
기초 397,176,956,377 원	
환율변동효과 3,425,712,409 원	
기말 641,643,982,034 원	

카카오 3개년 현금흐름표

	제 22 기	제 21 기	제 20 기
영업활동현금흐름	317,259,108,666	162,217,476,110	220,333,977,059
투자활동현금흐름	(1,000,011,073,302)	(414,240,989,552)	172,599,803,203
재무활동현금흐름	923,793,277,884	197,232,390,098	35,382,127,711
현금및현금성자산의순증가(감소)	241,041,313,248	(54,791,123,344)	428,315,907,973
기초현금및현금성자산	397,176,956,377	451,227,921,424	23,416,730,380
현금및현금성자산에 대한 환율변동효과	3,425,712,409	740,158,297	(504,716,929)
기말현금및현금성자산	641,643,982,034	397,176,956,377	451,227,921,424

1. 영업활동으로 현금이 지속적으로 유입(+)
2. 투자활동으로 현금지출이 급증(-)
3. 재무활동으로 투자활동을 위한 자금을 확보(+)
(ex. 자금차입, 사채발행 능)

> 영업활동은 (+)플러스인게 확실히 좋고
> 투자/재무활동은 (-)마이너스 인게 일반적이다

발생주의와 현금주의를 이해하자

김태경: 엄밀한 의미에서 손익계산서는 돈의 흐름을 설명하는 건 아니
거든. '발생주의'라고 해서 손익이 확정되었을 때 인식을 하기
때문이지. 하지만 현금흐름표는 돈의 흐름을 알 수 있지.

초보녀: '발생주의'라는 말이 어렵게 느껴져요.

김태경: 발생주의란 간단히 말하면 스타벅스에서 커피를 마시고 신용
카드로 만원을 결제하면 스타벅스에서는 만 원을 매출로 인식
하는 거야(부가가치세는 제외하여 논의). 돈은 신용카드사에서 나
중에 받게 되지. 하지만 이런 경우 손익계산서에는 매출이 되
지만 현금흐름표에서는 돈이 유입되지 않은 것으로 표시되는
거지. 그래서 외상 거래가 많은 회사는 이익이 발생하지만 현
금이 없어서 망하는 경우가 생기는 거야. 이걸 '흑자도산'이라

발생주의	현금주의
자산, 부채, 자본, 수익, 비용을 인식함에 있어서, 권리와 의무가 확정되었을 때 인식하는 것	현금의 유출입이 있는 경우에만 거래의 발생을 인식하는 것

<예시1>신용카드 매출(외상)이 10억 발생시

(차변) 매출채권 10억 / (대변) 매출 10억	회계처리 없음.

<예시2>10억원이 현금으로 입금시

(차변) 현금 10억 / (대변) 매출채권 10억	(차변) 현금 10억 / (대변) 매출 10억

고 하지.

황우성: 나는 재무상태표로 자산규모와 부채규모를 확인하고, 손익계산서로 매출이나 영업이익 정도만 확인했는데 현금흐름표도 함께 확인을 해야겠네. 나머지 자본변동표와 주석은 어떤 의미가 있는 거지?

김태경: 자본변동표는 재무상태표에서 자본(자산-부채)의 변동사항을 자세하게 나타내어 주는 표야. 자본이 가장 중요한 구성요소는 주주가 납입한 자본금과 손익계산서상의 이익이 누적된 이익잉여금이 있지. 재무제표는 기본적으로 외부의 이해관계자(주주, 채권자, 국가 등)를 위해 작성하는데 가장 중요한 주주의

납입자본금과 향후 배당가능이익을 알 수 있는 자본의 변동을
자세하게 설명해주는 거지. 그리고 주석은 앞에 말한 재무상
태표, 손익계산서, 현금흐름표, 자본변동표의 중요사항을 상세
하게 설명헤주는 표야.

간단한 예로 재무상태표에는 유형자산이 10억이라고만 표시
되어 있는 데 주석에서는 토지가 2억, 건물이 5억, 기계장치가
3억 이런 식으로 자세하게 설명해주는 거지.

재무상태표		주 석			
자산	100억	주석10			
유동자산	50억	유형자산	기초	증감	기말
비유동자산	50억	토지	1억	1억	2억
유형자산(주석10)	10억	건물	7억	(2억)	5억
기타비유동자산	40억	기계장치	3억	–	3억
		합계	10억	(1억)	10억

유형자산	무형자산
토지, 건물, 기계장치와 같이 영업활동에 사용하기 위해 취득한 물리적 실체가 있는 자산	영업권, 소프트웨어와 같이 물리적 실체는 없으나, 기업이 소유하고 있으며, 기업에 경제적 이득을 가져다 줌

초보녀: 회사의 모든 살림살이를 다 파악하려면 재무제표를 빠짐없이 꼼꼼하게 검토해야겠네요?

황우성: 그러게 말이야. 나도 주석은 건너뛰고 안보는 경우가 많았는데 앞으로는 좀 더 눈을 크게 뜨고 봐야겠어.

*발생주의: 돈을 나중에 받는 거래일지라도 거래가 성립되면 우선 매출로 기록해 놓는다.

*현금주의: 무조건 현금이 들어와야 거래로 기록한다.

회사 돈이 어떻게 변해가고 있지?
자본변동표

김태경: 재무상태표, 손익계산서, 현금흐름표를 통해서 기업의 경영은 대부분 파악할 수가 있어. 지금 현재 회사가 가지고 있는 자산과 갚아야 하는 부채, 주주가 출자한 돈과 이익이 누적된 자본을 알 수 있고(재무상태표), 당기에 발생한 이익은 얼마인지(손익계산서), 실제 현금흐름은 어떻게 되는지(현금흐름표)를 자세히 알 수 있어. 하지만 기업의 주인은 누구라고 했지?

초보녀: 당연히 주주잖아.

김태경: 그럼 주주가 가장 궁금해 하는 건 뭘까?

초보녀: 자기 돈이 어떻게 되고 있는지가 가장 궁금하겠지?

황우성: 아~ 그래서 자본변동표가 따로 있는 거구나? 주주몫이라고 볼 수 있는 자본이 어떻게 되고 있는지 보여줘야 하니까?

김태경: 돈을 빌려준 은행들은 이 회사가 이익이 계속 발생하고(손익계산서) 이 돈이 회사에 쌓이고 있는지(현금흐름표)만 보면 되겠지만, 주주는 실제 자기들 몫인 자본의 현황이 훨씬 더 궁금하겠지.

초보녀: 그럼 자본변동표도 현금흐름표처럼 기초의 자본이 어떻게 해서 기말의 자본으로 변했는지 상세 설명이 나오겠네요

김태경: 사실 자본에서 가장 중요한 건 주주들이 납입한 자본금과 증자와 감자 과정에서 발생한 주식발행초과금과 같은 자본잉여금, 그리고 회사에 매년 발생한 이익이 누적되는 이익잉여금이야. 나머지는 부수적인 것들이니 너무 신경쓰지 않아도 돼.

자본변동표
2016년 1월 1일부터 2016년 12월 31일까지

구분	자본금	자본잉여금	자본조정	기타포괄	이익잉여금
기초	10억	990억	(-)2억	1억	2,000억
당기순이익					500억
매도가능증권평가이익				0.5억	
자기주식처분		1.5억			
현금배당					(-)30억
기말	10억	990억	(-)0.5억	1.5억	2,470억

김태경: 자본에 대해서 더 잘 이해하기 위해서 제일 처음 회사를 설립할 때로 돌아가는 상상을 해 보자고. 초보녀가 회사를 설립한

다고 생각해봐. 초보녀가 고금리로 고통받고 있는 사람들이 중금리 혜택을 받을 수 있는 P2P금융 플랫폼을 만든 거야. 가진 돈은 1천만 원이 전부고. 이것을 설립자금으로 쓰려고 해. 참고로 회사 자본금의 규제는 없어 자유롭게 설정할 수 있어. 주식은 1,000주로 할게.

초보녀: 그럼 일단 회사의 자본금은 1천만 원, 주식 수는 1,000주가 되는거네요. 내 돈 1천만 원을 가지고 주식 1,000개를 만들어 놓은거죠? 그 주식은 일단 주주인 내 것이 맞고?

김태경: 맞어. 그러면 처음 주식의 가격(액면가)은 10,000원이 되는 거야. (1천만 원 = 1,000주 X 10,000원)

초보녀: 아하 액면가! 들어 봤어요.

김태경: 그리고 나서 열심히 회사를 운영해서 이익이 1억 발생했는데 주위에서 서로 투자하고 싶다고 하는 거지. 그럼 어떻게 투자를 받을 수 있을까?

초보녀: 그럼… 돈을 일단 받고… 영수증이라도 써 줘야 하나?

황우성: 가장 쉬운 게 내가 가진 있던 주식을 팔면 되잖아!

김태경: 그렇지. 그런데 기존 주식을 매도하기보다는 새로운 주식을 발행하는 '유상증자'라는 것도 할 수 있거든.

초보녀: 오… 내가 가진 주식은 가만히 두고 새로운 주식을 만들어서 그걸 팔아서 자금을 확보한다? 좋네요!

김태경: 초보녀가 갖고 있는 1,000주는 그대로 두고 500주를 만들어

서 투자자에게 판다고 해 볼게(자금조달). 처음 초보녀가 갖고 있는 1,000주의 한 주당 가격을 10,000원으로 했었지? 그런데 사람들에게 주식을 한 주당 10,000원에 팔 필요가 있을까? 이제 회사가 좋아지고 발전하고 있어서 더 비싸게 팔아도 살 사람들이 생길텐데?

초보녀: 와, 듣고보니 그러네요!

김태경: 초보녀의 회사가 좋은 회사라는 것을 인정받아서 한 주당 100만 원에 팔기로 했다고 치자. 여기서 파는 가격을 '발행가격'이라고 이야기하거든. 기업가치가 올라서 발행가격은 한 주당 1,000,000원으로 하기로 했다. 아까 500주를 발행한다고 했지? 그럼 500 X 100만 원 = 5억. 이렇게 5억의 투자금이 들어오게 되는 거야. 여기까지 잘 이해 됐지?

초보녀: 네, 새로운 주식을 발행했고 그 댓가로 5억이 들어온다!

김태경: 그런데 이 5억이라는 돈을 자본 변동표에 쪼개서 기록하는 거야. 새롭게 발행한 500주의 주식은 발행가격이 100만 원이지만 사실 이건 원래 얼마짜리 주식이었지?

초보녀: 1만 원 짜리요

김태경: 그렇치. 그 1만 원이 바로 '액면가'였지. 초보녀는 액면가 1만 원 짜리 주식을 100만 원 '발행'한 것이 되는 거지. 원래는 500만 원(1만 원 X 500주) 받을 것이었는데 5억 원(1백만 원 X 500주)을 받은 샘이니깐 그것을 나눠서 기록해 보자고. 원래 액

면에 해당하는 500만 원은 '자본금'에 기록하고 4억 9천 5백만 원(5억 원-500만 원)은 자본 잉여금에 기록하는 거야. 결국 4억 9천 5백만 원이 주식발행초과금이 되는 거지.

자본변동표
2016년 1월 1일부터 2016년 12월 31일까지

구 분	자본금	자본잉여금	이익잉여금
기초(1.1)	0.10억		
당기순이익			1억
유상증자	0.05억	4.95억	
기말(12.31)	0.15억	4.95억	1억

1st 초기 출자금
2nd 이익발생
3rd 주발초증가
3rd 액면증가
*주발초 : 주식발행초과금

초보녀: 아하~ 그래서 위의 자본변동표 상의 '유상증자' 라인에 자본 금 0.05억, 자본잉여금 4.95억 이라고 기록되어 있구나. 합쳐서 5억! 그걸 자본금과 자본잉여금으로 나누어 놓은 것이네요. 그 리고 0.05억원(=500만 원)이라는 금액이 의미하는 것은 액면가 1만 원 짜리 주식이 500개 있는 것이네. 아까 이익 1억이 발생 했다고 했으니깐 그것은 당기순이익 라인에 이익잉여금으로 들어간 것이고,

황우성: 주주가 출자한 금액이 자본금에만 기록된 것이 아니라 자본잉 여금에도 기록 되어있는 것이네. 나는 주주들이 출자한 금액

은 모두 자본금에만 모여있는 건줄 알았는데… 잘못 알고 있었구나.

김태경: 기타포괄손익과 이익잉여금을 제외한 자본금, 자본잉여금, 자본조정은 모두 주주와의 거래로 인한 금액이 표시되기 때문에 주의해 가면서 통합적으로 분석할 필요가 있어.

초보녀: 설명을 듣고나니 위의 자본변동표가 확실히 이해가 되네요!

회계사만 아는 회사 사용 설명서!
주석

초보녀: 재무상태표, 손익계산서, 현금흐름표, 자본변동표까지 보면 회
　　　　사의 기본적인 재무정보는 모두 확인할 수 있을 것 같은데 주
　　　　석은 왜 또 따로 공시하는 거지?

김태경: 재무상태표나 손익계산서에 나타낼 수 있는 정보는 아주 함축
　　　　적인 정보야. 예를 들어 재무상태표에 차입금이 100억이 있다
　　　　고 공시되어 있고 이자비용이 4억 발생했다고 표시되어 있으
　　　　면 '4%정도에 차입해서 쓰고 있구나.' 하고 대략적인 추정은
　　　　할 수 있지. 하지만 어느 은행에서 빌린 것인지, 만기는 언제인
　　　　지, 이자는 얼마로 했는지 정확한 정보는 알 수 없지.

　　　　특히나 대출을 받으면서 담보로 제공한 회사의 자산은 없는
　　　　지. 대표이사나 특수관계가 있는 누군가가 대출을 받을 때 보

증을 선 사람은 없는지 등은 중요한 정보잖어. 회사가 다른 회
사의 대출에 대해서 보증을 서거나 담보를 제공했다면 투자자
입장에서는 반드시 알아야 하는 정보겠지?

초보녀: 주석은 마치 제품에 대한 사용설명서 같은 거군요.

김태경: 신제품을 사면 제품 사용설명서를 읽어보듯이 꼼꼼하게 회사
에 대한 주석을 읽어 볼 필요가 있지.

황우성: 주식 투자자 입장에서는 주석은 회사 정보의 금광이라고 할
수 있어. 하나도 남김없이 읽고 의미를 되새겨 봐야 해.

김태경: 먼저 회사라는 제품(주식)을 샀어. 그리고 설명서인 주석을 열
고 처음 볼 수 있는 정보가 바로 제품(회사)의 대략적인 설명이
지. 어디에 쓰는 제품일까? 무엇을 만들고 어떤 서비스를 제공
하는 회사인지에 대한 설명. 언제부터 만들어졌고, 제품(회사)
이름이 어떻게 변해왔는지. 주소는 어디고 납입자본금총액은
얼마이고, 주주는 누구이고, 구성비율은 어떻게 되는지 설명해
주지.

초보녀: 우와 대박! 그런 자세한 정보까지 회사의 재무제표에서 알려
주는지는 몰랐어요. 단지 숫자에 대한 정보만 있다고 생각했
는데.

김태경: 이건 그냥 시작일 뿐이야. 얼마나 자세한 정보를 하나하나 다
알려주는지 알면 깜짝 놀라고 말 거야.

황우성: 형은 재무제표를 감사도 해보고 회사에서 직접 작성도 해 봐

서 더 자세하게 알겠네?

김태경: 회계감사의 꽃은 사실 주석에 있지. 회사 담당자들이 일차 작성하고 공인 회계사들이 공시되는 주석 숫자 하나하나에 대해서 검증작업을 하지. 재무상태표와 손익계산서 등에 나오는 숫자와 매칭해서 일치하는지도 기본적으로 확인을 하게 되지. 이런 고급정보들을 제공해주는데 제대로 활용하지 않는다면 참 안타깝겠지.

황우성: 일반적 사항 다음으로 중요한 회계처리에 대해서 설명하는 데 이때 주의해서 봐야 할 것들이 있을까?

김태경: 회계처리에서 사용된 중요한 방침과 추정 및 가정들을 전반적으로 읽어보면서 공정가치(시가) 평가를 어떤 식으로 적용하는지를 확인하고, 유형자산에 대한 감가상각내용 연수가 몇 년인지 확인하는 것이 중요해.

일반적으로 자산을 취득하면 취득할 때 지불한 돈을 취득원가로 해서 자산에 적어놓아. 하지만 가치가 변하고 그 금액을 객관적인 시장에서 측정이 가능하다면 평가에 반영을 해. 특히 유형자산은 취득할 때 비용처리하지 않고, 사용가능한 기간 동안 비용으로 인식하게 되지.

그런데 기간에 따라 비용처리되는 금액 차이가 크게 나므로 확인이 반드시 필요해. 왜냐하면 유형자산은 일반적으로 금액이 크기 때문에 손익에 미치는 영향도 커.

황우성: 전반적인 회사와 회계처리에 대한 설명이 되고 나면 이제 본
격적으로 설명이 나오는 건가?

김태경: 재무상태표, 손익계산서, 현금흐름표, 자본변동표를 보면 주석
번호를 적어놓은 것을 볼 수 있어. 해당 금액이 어떻게 산출된
것인지. 그리고 구체적인 내역이 무엇인지 궁금하면 해당 주
석번호를 찾아가면 되는 거야. 예를 들어 재무상태표에 있는
유형자산의 내역과 당기 중 증감을 알고 싶다면, 유형자산 오
른쪽에 적혀 있는 주석번호를 확인하고 해당 주석번호로 이동
하면 상세설명을 볼 수 있어.

연 결 재 무 상 태 표
제 22 기 2016년 12월 31일 현재
제 21 기 2015년 12월 31일 현재

주식회사 카카오와 그 종속기업 (단위 : 원)

과　　　목	주석	제 22 (당) 기		제 21 (전) 기	
자산					
Ⅰ. 유동자산			1,216,958,016,369		970,066,623,885
현금및현금성자산	4,5,7,8	641,643,982,034		397,176,956,377	
단기금융상품	4,5,7	236,747,907,827		373,389,063,300	
파생상품자산	4,5,23	3,941,509,334		5,241,489,977	
매출채권	4,5,10	173,852,569,657		88,821,840,650	
기타금융자산	4,5,11	83,340,324,244		59,619,303,595	
재고자산		12,555,227,110		5,352,593,498	
기타유동자산	1	64,876,496,163		40,465,376,488	
Ⅱ. 비유동자산			4,267,159,164,047		2,218,411,109,424
장기금융상품	4,7	10,000,000,000		10,193,288,938	
장기매도가능증권	5,9	93,181,682,771		30,892,025,307	
관계기업투자	1	117,075,919,490		80,704,000,000	
기타비유동금융자산	4,5,11	35,269,400,634		23,039,547,157	
유형자산	16	253,853,910,780		219,051,999,166	
무형자산	17	3,733,165,965,498		1,855,604,183,504	
기타비유동자산	14	6,584,533,072		9,592,059,086	
이연법인세자산	21	18,027,751,802		1,333,667,173	
자산총계			5,484,117,180,416		3,188,477,733,309

16. 유형자산

기 당기 중 유형자산의 변동내역은 다음과 같습니다.

(단위: 천원)

과목	토지	건물	구축물	기계장치	차량운반구	비품	합계
<장부금액의 변동>							
기초 순장부금액	39,910,215	47,317,415	260,402	106,950,279	312,600	24,301,099	219,051,099
취득	17,832,354	6,931,694	–	37,997,530	273,109	19,611,303	82,645,990
연결범위변동	(1,153,941)	317,290	(82,766)	7,579,957	26,409	2,241,546	8,928,495
처분및폐기	–	–	–	(100,090)	(8,540)	(445,206)	(553,836)
감가상각비	–	(1,409,720)	(26,703)	(42,429,182)	(151,522)	(12,177,420)	(56,194,547)
대체	–	–	74,454	(82,162)	–	7,708	–
환율변동효과	–	–	–	–	(297)	(23,893)	(24,190)
기말 순장부금액	56,588,628	53,156,679	225,387	109,916,332	451,759	33,515,126	253,853,911
<취득원가 및 장부금액>							
2016년 12월 31일							
취득원가	56,588,628	56,432,187	279,712	216,063,375	951,529	65,287,303	395,602,734
정부보조금	–	–	–	(63,492)	–	(377,257)	(440,749)
감가상각누계액	–	(3,275,508)	(54,325)	(106,083,551)	(499,770)	(31,394,920)	(141,308,074)
순장부금액	56,588,628	53,156,679	225,387	109,916,332	451,759	33,515,126	253,853,911

황우성: 나는 주로 전년과 비교해가면서 분석을 해. 뭔가 금액변동이 크거나 증가 또는 감소한 비율이 큰 내역을 중심으로 주석확인하거든. 그럼 원인을 파악할 수 있지. 재무상태표를 보니 차입금이 많이 증가했다면 어디에서 차입을 한 건지를 주석으로 확인하지.

초보녀: 아, 그렇구나. 주석에는 상세한 설명이 있으니깐 참 유용하겠네요.

황우성: 그래서 차입금 증가했다는건 돈을 빌려왔다는 것이지? 그러면 뭔가 증가한 자산이 있을테니 그것을 찾아보고 어떤 자산이 증가했는지를 주석으로 확인하는 거지. 그러면 회사가 어떻게 돌아가고 있는지 감을 잡을 수 있어.

초보녀: 와~ 천재다!

황우성: 역으로 파악하는 것도 가능해. 자산 중에서 유형자산이 크게 증가했는데, 차입금도 같이 증가했다면 어떤 조건으로 누구에게 차입을 했는지 주석으로 확인을 해보는 거지.

초보녀: 그러면 이제 재무제표를 보는 순서가 모두 완성이 되는 것인가요? 한 번 정리를 해볼께요. 우선 ①재무상태표를 확인한다. 자산총액, 부채총액, 자본총액을 확인한다. ②유동비율, 부채비율을 구해서 회사의 재무건전성을 확인한다. 전년대비 증가내역을 파악해서 변동이 큰 경우 해당 주석번호를 찾아가서 확인해본다. 이런 식으로 손익계산서, 현금흐름표, 자본변동표도 확인하면 되겠네요. 우와~ 대박!

황우성: 이제 초보녀도 재무제표를 하나의 개념으로 이해했지?

김태경: 이게 내가 말해주고 싶었던 거야. 재무제표는 하나라는 것! 전체를 하나로 보고, 개개의 재무제표를 하나씩 분석하고 다시 합쳐서 전체적인 흐름을 분석하는 것이지.

주석 = 회사 사용 설명서 = 회사 정보의 금광

Chapter 4

어서 와,
차트분석은 처음이지?

"역사는 반복되니깐 차트를 보면 미래를 알 수 있다."
vs
"차트는 과거의 기록이기에 의미가 없다."

차트 분석 이해하기

초보녀: 증권 방송을 보면 주식 차트를 보고 설명을 하잖아요. 차트 보
는 방법 좀 알려주세요. 뭐 골든크로스가 어쩌구 저쩌구 라고
하며 엘리어트 파동 얘기도 하고 그러던데, 차트를 보면 복잡
해 보이고 도대체 무슨 말인지 하나도 모르겠어요.

황우성: 자, 너무 겁먹지 말고. 차트도 처음에는 복잡해 보이지만 사실
알고 보면 굉장히 쉬워. 그런데 차트를 공부하기 전에 차트분
석의 기본 원리에 대해 제대로 짚고 넘어가야 할 필요가 있어.

초보녀: 기본 원리?

황우성: 항상 기본이 중요하지. 주식을 매매하는 많은 사람들이 좀 하
다보면 기본을 잊어버리는 경향이 있어. 차트 분석방법도 여
러가지가 있긴 하지만, 가장 기본적인 개념은 과거의 가격 움

직임 패턴을 보고 미래를 예측한다는 것이야.

초보녀: 미래를 예측하는데 과거 패턴을 본다구요? 공부 잘하는 아이는 계속 공부를 잘하게 되고 못하는 아이는 못하게 될 가능성이 높다… 뭐 이런 느낌?

김태경: 과거 패턴을 보고 미래를 예측한다는 것은 비슷하지. 그런데 꼭 공부 잘했던 아이가 미래에 공부를 잘한다는 보장이 없듯, 과거에 특정 차트 형태를 보였더라도 꼭 그러한 형태가 반복된다고 할 수는 없지.

초보녀: 물론 그렇겠죠! 나도 초등학교 때는 엄청 공부 잘했는데! 중학교, 고등학교 올라갈수록 성적이 떨어졌어.ㅜㅜ

황우성: 공부를 계속 잘하기란 참 어렵지. 주식도 마찬가지! 주식가격이 계속 꾸준히 오르기란 참 어려워.

초보녀: 난 계속 꾸준히 오르는 주식을 사면 좋겠어요! 그 방법을 알려달라고요~!

김태경: 자자, 천리길도 한걸음부터라고 했지? 오르는 주식을 찾기 위해서 차트분석에서 많이 쓰이는 기법 몇가지를 알려 줄께. 우선 우리나라에서 가장 많이 쓰이는 것은 봉차트야.

초보녀: 봉차트? 우리나라 개미투자자들은 모두 '봉'이라서 그런가보우!

황우성: 초보녀가 아재개그도 하네! 주식시장에서 '봉'이 안되려면 공부를 제대로 해야지. 우선 가장 기본중의 기본. 색깔의 의미정

도는 알고 있겠지? 빨간색은 상승 파란색은 하락을 의미해. 참
고로 미국은 반대라는 것까지 알아두자~

초보녀: 오, 참 이상하네. 한국은 빨간색이 상승. 미국은 파란색이 상
승? 반대를 쓰다니 말이에요. 붉은색은 원래 경고! 아닌가.

김태경: 문화에 따른 색의 차이는 있어. 중국에서는 빨간색이 행운의
색이기도 하지. 아무튼 우리나라와 일본은 빨간색이 상승이라
는 것을 기억하자.

황우성: 차트를 보는 방식도 엄청나게 많지만 실전에서 꼭 필요한 것,
그나마 확률 높은 것들만 알려주는 것이니 꼭 기억해

주식 봉 아래위로 놓인 선들을 이동평균선이라고 하고, 주가가 이동평균선 위에 있느냐, 아래 있느냐가 중요!

삼세판 이기면 잘나간다
······ 이동 평균선 위에서 노는 주가

황우성: 가장 기본적인 차트 패턴 중에 3이라는 숫자는 삼세판, 3위일체 뭐 이런 것? 그래서 양봉도 3일, 즉, 3일 연속으로 올랐다는 것은 앞으로 추가 상승 여력이 많다는 의미라고 이해하면 돼.

3회 연속 양봉이 나온다면 주가는 더 상승할 가능성이 높다.

초보녀: 에이… 뭐야? 3일 연속 주가가 상승하면 주가가 더 오르는 경우가 많다고요?

황우성: 맞어. 연속 3일 상승은 일단 뭔가 의미 있는 신호야. 자, 알다시피 차트분석에서 중요한 사실은 완벽한 것은 없다는 진리를 마음속에 담아둔 채로 말이야. 그리고 이러한 상승신호가 이동평균선을 뚫고 올라왔다면 더 신뢰가 강하지.

아래의 차트를 보면 좀 더 이해가 잘 될 꺼야. 아래 그림에서 주가는 하락하다가 V자 형으로 반들을 보이면서(동그라미 표시 부분) 상승하기 시작했어. 그리고 이동평균선 위로 주가가 올라왔지?

초보녀: 앗 그러네요. 빨간 봉 3개가 이동평균선을 뚫었어요.

황우성: 이동평균선과의 관계를 잘 살펴 보라고.

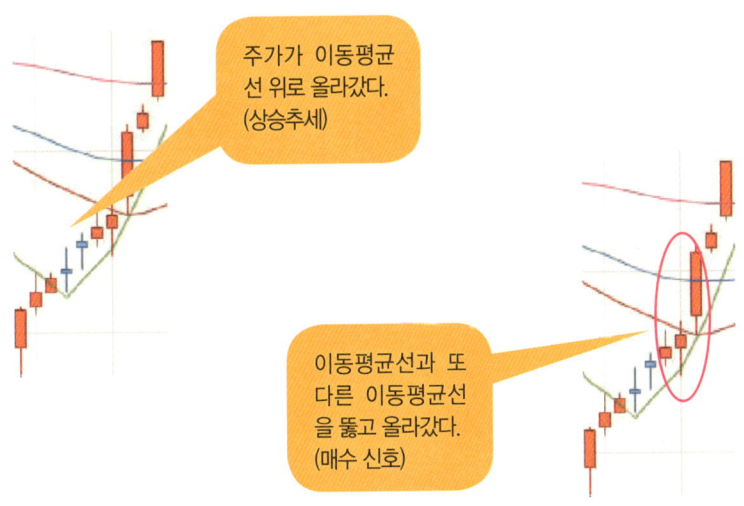

주가가 이동평균선 위로 올라갔다. (상승추세)

이동평균선과 또 다른 이동평균선을 뚫고 올라갔다. (매수 신호)

김태경: 이게 그 유명한 '골든 크로스' 라는 거지?

초보녀: 우와! 태경 오빠의 주식에 관한 상식도 장난 아니다.

상승할 때에는 골든크로스가 나타나고 상승한다

황우성: 자, 여기서 정말 중요한 것. 내가 주식을 매수하고자 할 때는
‘이동평균선 위에서 놀 때 매수한다.’는 것이지. 최소한의 큰
손실은 보지 않기 위한 안전장치지.

이동평균선을 돌파하는 3연속 양봉이 강한 매수 신호로 작용했다

골든 크로스 = 이동평균선이 또다른 이동평균
선을 뚫고 올라갔다. 상승추세가 강하구나!

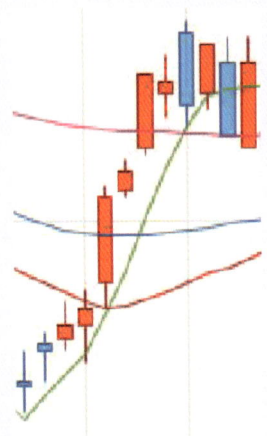

3연속 음봉은 하락 가능성.

3연속 양봉은 상승 가능성.

장대 양봉/음봉은 큰 변화의 표시.

: 투자자들의 심리상태가 흔들리는

경우 많음.

주가가 이동평균선 위에 있는지 살피자.

→ 위에 계속 떠 있다면 상승세로 해석.

주가가 이동평균선 아래 있는지 살피자.

→ 아래에서 계속 놀고 있다면 하락세로 해석.

멀어지면 모이고, 모이면 멀어지려 한다 - 이동평균선 개념 이해

김태경: 차트분석의 가장 기본 중의 기본은 이동평균선이지!

초보녀: 이동평균선, 저도 들어는 봤어요.

김태경: 가장 중요한 개념은, 현재의 주식가격이 과거 평균가격보다 높은가 낮은가를 보는 거야.

초보녀: 평균과 비교를 하는 것이군요.

김태경: 맞어. 영어점수 80점을 맞았다면 공부를 잘 한 걸까? 나말고 모든 학생이 90점 이상을 맞았을 수도 있잖아. 그래서 나의 점수를 학급 평균이나 학교 평균과 비교를 하는 것이지. 그래서 주식도 평균과 비교해 보면서 이게 낮은 가격인지 높은 가격인지를 수시로 판단할 수 있게 차트로 그려 넣은 것이 바로 이동 평균선이야.

초보녀: 근데 왜 '이동'이 붙나요? 유명한 갈비집 '이동 갈비' 이런 건 가?

김태경: 이동 갈비의 이동은 동네 이름이고, 이동 평균선의 이동은 진 짜 움직인다는 말이야. 영어로 Moving Average(MA)라고 하지. 평균인데 움직이는 평균.

초보녀: 아하, 움직이는 평균! 과거 특정 기간 동안의 주식가격의 평 균! 이해가 되는 것 같아요.

김태경: 그래서 움직이는 '선'으로 나타내 보이는 것이지. 5MA, 10MA, 20MA 라고 표현하거든. 5MA는 과거 5일 동안의 평균 주식가 격, 10MA는 과거 10일 동안의 평균 주식가격, 20MA는 과거 20일 동안의 주식가격을 나타낸 선이야.

초보녀: 아하, 그래서 과거 10일 동안의 평균 주식가격과 현재의 주식 가격과 비교해 보는 것이구나. 그래서 무엇을 할 수 있죠?

황우성: 투자자들이 중요하게 생각하는 20MA를 살펴보기로 하자. 아 래와 같이 주식가격과 20MA(20일 이동평균선)가 차트상에 존재 한다고 하면, 몇가지 전략을 세울 수 있지.

초보녀: 이동평균선만 보고 전략을 세운다고요?

황우성: 맞어, 가장 기본적인 두가지 전략을 생각해 볼 수 있어. 첫째로 는 추세를 이용하는 것, 둘째로는 되돌아가려는 성질을 이용 하는 것이지.

김태경: 추세를 이용하는 것은 간단해. 만약 주가가 상승추세라면, 그

리고 앞으로 더 오를 것 같다면 매수를 해야겠지. 그것을 알려
주는 한 가지가 '이동평균선'이 올라가고 있다는 것이야.

초보녀: 우와~ 완존 대박! 의외로 간단하네요.

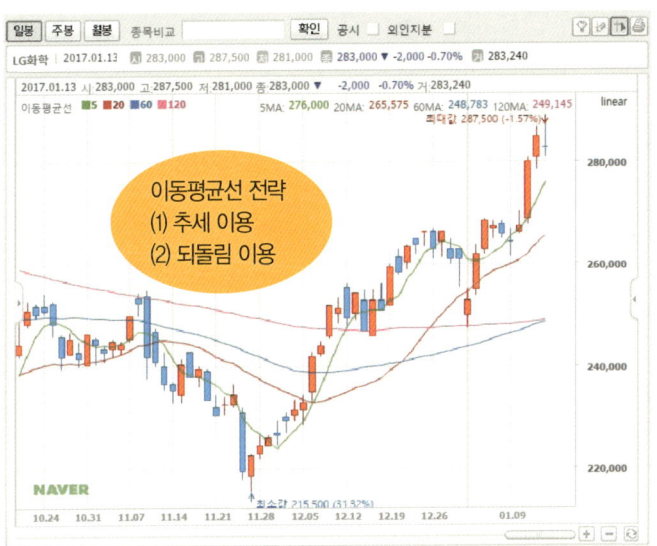

이동평균선만 잘 활용해도 훌륭한 주식투자 전략을 세울 수 있다

황우성: 평균과 비교해서 그 평균은 우리반 학생이 영어점수에 해당하
는 평균이 '과거 00일 동안의 주가'가 되는 거지. 그래서 과거
00일 동안의 주가보다 높게 있으면 주가가 높다, 낮게 있으면
주가가 낮다, 라고 판단할 수 있지.

초보녀: 아하 그렇군요. 쉬운데요? 그래서 평균보다 높다, 낮다로 뭘 어떻게 한다는 것인가요?

황우성: 가장 중요한 것 두 가지를 먼저 파악할 수 있어. ①주세 확인 ②주가의 되돌림 이용하기.

김태경: 특히 '되돌림'은 아주 중요한 개념이지. 세상의 모든 사물은 '회귀성', 즉, 원래의 상태로 돌아가려는 성질을 갖고 있어. 이동평균선을 이용한 매매기법은 '어느 순간 제자리로 돌아간다.'는 개념을 이용하는 것이지.

특정 파동으로 움직이는 주식 가격!
엘리어트 파동이론

황우성: 자, 그럼 실전에서 또 하나의 유용하게 쓰이는 엘리어트 파동에 대해서 알려 줄께.

초보녀: 이름이 멋진데요! 뭔가 있어 보이네요!

황우성: 아래 보이는 파동처럼 주가가 오르락 내리락 한다는 거야. 랄프 넬슨 엘리어트 (Ralph Nelson Elliott 1871~1948) 라는 회계사이자 주식연구자가 만든 이론이야.

김태경: 역시 회계는 투자의 기본이야. 엘리어트도 회계를 마스터 하고 주식을 마스터 했잖어?!

초보녀: 그러고 보니깐 태경오빠랑 비슷하다. FSBOT도 이제 세계적으로 유명해 질 수 있는 건가?

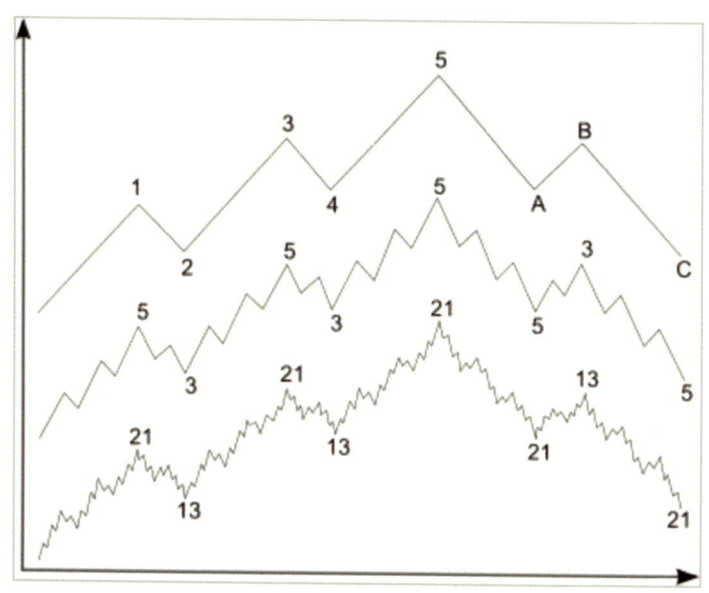

R.N. Elliott's essay, "The Basis of the Wave Principle," October 1940.

김태경: 그럴수도 있겠네 ㅋㅋㅋ

황우성: 위의 그림을 보면 똑같은 그림이 반복되는 걸 볼 수 있지? 매직아이처럼 말이야.

초보녀: 그러네. 맨 위의 1번 부터 5번이 아래의 그림에서 계속 반복되고 있어.

황우성: 주식의 가격은 상승 5파와 하락 3파로 변화한다는 것이 기본 개념이야.

김태경: 주식은 끝없이 순환한다는 것, 그리고 주가는 연속적인 8개의
　　　　 파동(상승 5파와 하락 3파)이 하나의 사이클을 형성한다는 것이
　　　　 중요해.

초보녀: 그렇군요. 아무튼 저런 패턴으로 주식이 변화한다는 것이죠?

황우성: 맞어. 엘리어트 파동에서 가장 중요한 것은 8번의 파가 하나의
　　　　 싸이클이고 거기에는 상승 5파, 하락 3파라는 것만 기억해. 엘
　　　　 리어트 파동이 모든 차트에 완벽하게 들어 맞지는 않아도 활
　　　　 용하면 나름 의미가 있어. 매매타이밍과 변곡점(주식이 변하는
　　　　 타이밍)을 잡을 때 활용도가 높지.

김태경: 사실 엘리어트 파동만 제대로 공부하려고 해도 책 한 권 이상
　　　　 의 분량이거든. 좀 더 자세히 알고 싶다면 관련 서적을 보는 것
　　　　 도 좋지.

황우성: 하지만 엘리어트 파동은 대략적인 개념정도만 이해하고 매매
　　　　 에 참고하는 것이 좋아. 앞서 언급했듯 모든 차트 분석은 후행
　　　　 이고 추세를 판단하는 여부로만 참고하는 것이 좋다는 게 나
　　　　 의 지론이야. 나는 주변에서 차트를 맹신하다가 큰 손실을 보
　　　　 는 경우를 많이 봤거든.

초보녀: 아하! 감사해요! 그래도 패턴이 반복되고 그것을 발견해 냈다
　　　　 는 점이 재밌네요.

Chapter 5

어서 와,
심리게임은 처음이지?

"주식투자는 분석이며 과학이다."
vs
"투자는 심리게임이며 도박에 가깝다."

욕심을 억제할 수 있는 용기
"욕심을 버릴 줄 알아야 돈을 번다"

초보녀: 아, 내가 샀다가 손해 보고 팔아버린 주식 가격이 올랐어. ㅠㅠ

아, 정말 짜증나네. 나는 20% 손실 보고 저번 달에 팔았는데 오늘 확인해보니 내가 산 가격에서 50%나 올랐지 뭐야. 괜히 팔았어. 아니면 처음에 10% 올랐을 때 바로 팔았어야 했나 봐.

김태경: 처음 샀을 때 그 회사의 어떤 점이 좋아서 샀니?

초보녀: 아는 언니가 추천해 줬는데, 회사가 좋다고 해서 눈여겨 보고 있었지. 근데 차트가 상승하는 차트더라. 나도 차트 공부했잖아. 그래서 샀는데 조금 오르더니 내리는 거야. 6개월이나 갖고 있었는데 계속 떨어지더라.

황우성: 주식시장에서 흔히 경험하는 일이야. 내가 샀다가 팔아버린 주식이 파니깐 오르는 현상.

초보녀: 아, 오빠가 좀 팔지 말라고 이야기 해 주지 그랬어.

김태경: 후회해 봤자 소용없어. 중요한 건 그런 투자 마인드로는 또 똑같은 일을 경험하게 될 꺼야. 차트만 보고 투자한다거나 소문만 믿고 투자한다거나 하는 자세는 어느 한 면만 보고 투자하는 것과 같지.

초보녀: 아니 내가 운이 나빠서 그런 거지!

황우성: 그게 과연 운 일까? 차트나 소문도 중요할 수 있지만 그것은 주식을 움직이는 여러가지 원인들 중 단 하나의 요소에 불과해. 초보자들은 차트때문에 많이 속지. 차트를 이용해서 매매 타이밍을 잡을 수도 있지만 차트만을 보고 매매하는 것은 위험해. 차트는 하나의 지표일 뿐이야.

예를 들어서 설명해 줄 께. 초보녀가 10명의 남학생을 소개받았다고 생각해 보자. 근데 그 중에서 내년에 학교에서 일등을 할 학생을 골라야 해. 뭘 보고 골라야 할까?

딱 보니깐 외모가 공부 잘하게 생긴 남학생이 있어. 그리고 작년 영어 성적이 좋았던 남학생이 있어. 초보녀가 감이 좋다면 공부잘하게 생긴 남학생이 전교 일등을 할 수도 있어. 실제로 범생이들은 외모에서 범생이 티가 나기도 하지? 하지만 외모는 범생이인데 공부를 못하는 학생들도 있을 수 있는 것이지.

초보녀: 아하, 내가 차트만 보고 판단한 것은 남학생 겉모습만 보고 판단했던 거네. 그러면 작년에 영어성적이 좋았던 학생을 선택

하면?

황우성: 작년 영어 성적은 분명한 과거의 데이터(실적)이지. 하지만 과거 성적이 좋았다고 미래의 성적이 좋다는 보장도 없지? 물론 개여성은 높지만 말이야.

김태경: 과거 성적을 보고 판단하는 것은 재무제표(과거 기업의 실적)을 보고 판단하는 것과 비슷하지.

초보녀: 아하, 그렇구나. 그럼 나같으면 외모도 공부 잘 할 것 같고 과거의 성적도 좋은 남학생을 고르겠어. 그런데…… 생각해 보니 좀 억울한데! 어쨌든 오르는 것을 맞추기는 했잖아. 좋은 종목을 잘 사서 지금 한창 주가가 상승 중인데! 나는 그 전에 팔아 버렸으니!

황우성: 그래서 주식 투자는 분석적인 능력과 더불어 '심리게임'적인 면도 있는거야.

초보녀: 심리게임? 아들러 심리학 이런 건가? 나 심리학 엄청 좋아하는데.

황우성: 뭐 비슷하다고도 할 수 있지. 자, 왜 초보녀 뿐만 아니라 다른 많은 사람들이 손해를 보는지 심리학적으로 이야기 해 보자. 초보녀는 돈을 얼마나 벌고 싶어?

초보녀: 그야, 당연히 많이 벌고 싶죠!

황우성: 초보녀가 신입사원이었을때 월급 기억나지? 그때 대리 언니 월급 부러워했잖아. 근데 지금 대리로 승진하니깐 어때? 월급

에 만족하니?

초보녀: 아니, 항상 모자라는 거 같아. 과장님이나 차장님 월급만 되면 좋겠어.

김태경: 너 그 말 사원 때도 똑같이 했었던 것 기억나니? 대리언니 월급만 받아도 좋겠다고.

초보녀: 그건…… 그랬었지.

김태경: 초보녀가 산 주식이 10% 올랐을 때 팔지 못했던 이유가 무엇일까? 주식이 사자마자 오르니깐 어떤 생각이 들었니?

초보녀: 그야…… 돈버는 게 참 쉽구나. 이런 생각도 들고, 금방 부자가 될 것 같고. 주식 가격이 더 오를 것 같았어요.

김태경: 그래 바로 그거야. 사람의 '욕심' 이라는 감정. 투자를 해서 돈을 조금이라도 벌다보면 자신감이나 욕심이 생기지. 사실 단기간에 10%는 엄청난 수익이거든. 그런데 모니터 상에서 금액이 왔다 갔다 거리면 별 것 아닌 것처럼 느껴지지. 그리고 돈을 벌었을때 '조금만 더'라는 욕심이 생겨.

황우성: 이와는 반대로 돈을 잃고 있을때는 '공포'라는 감정이 생기지. 더 떨어지면 어쩌나, 내 돈을 다 잃어버리면 어쩌나 하는 감정. 그래서 세력들은 개미투자자들의 이러한 나약한 감정을 이용해 돈을 벌기도 하지.

초보녀: 세력이 뭔데요? 개미투자자들을 이용한다고요?!

황우성: 응, 주식시장에는 세력이나 큰손이 존재 해. 큰 돈으로 전체 주

식시장이나 특정 종목을 좌지우지하는 존재지.

초보녀: 잘 이해가 안돼요, 어떻게 종목을 좌지우지 한다는 것이죠?

황우성: 예를 들어서 삼성전자같이 큰 회사말고 시가총액이 비교적 적은 회사가 있다고 해 보자.

초보녀: 시가총액이요?

황우성: 응, 시가 총액은 쉽게 말해서 회사의 규모라고도 할 수 있어. 그 회사가 발행한 주식의 합계금액이지. 그러니깐 시가총액이 300억 원인 A라는 회사가 있다고 하자. 내가 만약 300억 원이 있고 300억 원을 주고 그 회사주식을 몽땅 다 사들인다면 그 회사는 100% 나의 소유가 되는 것이지. 이론적으로 말이야.

초보녀: 아하! 그러니깐 돈이 많으면 그 회사 주식을 사면서 주식 가격을 올릴 수 있다, 뭐 이런 건가요?

황우성: 그렇지. 특히 시가총액이 비교적 적고 거래량이 크지 않은 종목들의 경우 작전 세력이 붙어있는 경우가 있어. 시가총액 200억 원짜리 회사라고 하면 50억 정도만 있으면 충분히 가격을 조작하는 게 가능하니깐.

초보녀: 가격을 조작한다고요?

황우성: 자신들은 낮은 가격에 조금씩 사 모으면서 가격이 오르려고 그러면 공포감을 조장해서 가격이 못 오르게 하지. 그렇게 매집이 끝나면 좋은 소문을 퍼트리지. 개미들이 그 소문을 듣고 주식을 사서 가격이 오르는데, 이때 이미 세력들이 주식시장

에서 거래되는 물량 중 상당수를 갖고 있기 때문에 파는 사람이 거의 없지.

사는 사람이 월등히 많고 판다는 사람은 없으니 가격이 폭등하지. 충분히 가격이 올랐을때 세력들은 자신들의 물량을 사고자 하는 개미들에게 파는 거지.

세력들은 몇 배의 이익을 챙기고 소문을 듣고 높은 가격에 개미들은 가격이 떨어지면서 손해를 보게 되지. 가격이 오를때 개미들이 오르는 모습을 보면서 불나방처럼 달려들 때 세력들은 주식을 조금 씩 파는 거야. 그리고 더 이상 매수하는 주체가 없어지면?

초보녀: 가격이 떨어지겠네요.

황우성: 그렇지. 실제로 팔 기회도 안주고 가격이 급락하기도 해. 아래 차트를 보면 갑자기 올랐다가 폭락하는 모습이 보이지?

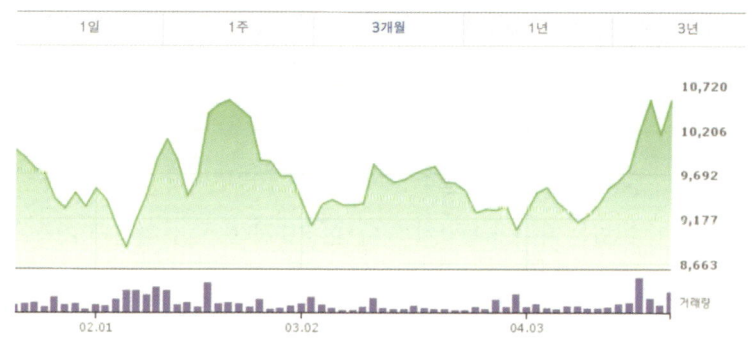

차트가 급등락을 거듭하는 종목은 위험하다

초보녀: 그럼 돈이 상대적으로 부족한 개미들은 세력들에게 이길 수 있는 방법이 없나요? 맨날 당하기만 해야 하나?

김태경: 있지. 작전의 대상이 되기 쉬운 코스닥 시가총액 300억 원 이하의 종목은 절대 건들이지 않는 게 방법이야. 그리고 어떤 종목이든 소문만 듣고 사는 잘못을 저지르지 않는 거지. 사실 규모가 있는 회사들 중 돈 벌어 줄 기회를 주는 좋은 기업들은 많거든. 무엇보다 중요한것은 열심히 공부한다면 개미들도 심리게임에서 승자가 될 수 있다는 사실이야.

초보녀: 심리게임의 승자요? 돈 벌 수 있다는 얘기네요!

김태경: 그렇지. 우선 심리게임에서 이기기 위해서는 두 가지 기본 원칙을 숙지하고 훈련해야 해. 첫째로 '공포감을 이용한다.'는 것과 둘째로 '박수칠 때 떠난다.'는 거야.

초보녀: 공포감을 이용하고 박수칠 때 떠난다!?

김태경: 그래. 우선 공포감을 이용하기 위해서는 '지식'과 '용기'가 있어야 해. 공포감이 조성되었을 때 이 공포가 단기에 끝날 것인지 아니면 진짜 회사를 좀먹고 가격을 계속 하락세로 바꿔버릴 공포인지 파악할 수 있는 거야.

그리고 만약 단기간의 공포라면 가격이 떨어져 있어도 매수할 수 있는 용기가 필요한 것이지. 분명히 오를 것 같은데 가격이 너무 낮아서 무섭다면서 망설이다가 기회를 놓치는 경우도 많으니깐 일정부분 용기라는 것도 필요한 거야. 근데 중요한 것은 논리적인 분석과 예측에 기반한 용기여야 하는 것이지. 이유도 없이 그냥 싸니깐, 혹은 오를것 같아서 매수 하는 것은 객기에 지나지 않아.

초보녀: 아~ 그렇구나!

김태경: 그래서 논리적인 분석과 예측을 통해서 주식을 매수했는데 예측대로 상승했다면, 이제는 팔아야 할 시기를 정해야 하는데 이게 또 정말 어렵거든. 주식이 오를 때는 뉴스에 좋은 소식만 나와. 호재가 뭐가 있고 전망이 좋고 어쩌구저쩌구. 에널리스트들도 가격이 상승할 것 같다고 장미빛 전망의 리포트만 쓴다고. 정말 계속 계속 오를 거 같은 느낌이 들어. 그러다가 어느 순간 가격이 뚝 떨어져 버리는 경우가 있어.

초보녀: 그럼 제 때 잘 팔려면 어떻게 해야 하죠?

황우성: 우선 '욕심'을 버리고 원칙에 따라서 매매해야 해. 팔려고 마음 먹었다면 과감하게 파는 거지. '좀 더 오를까?', '아차, 좀 나중에 팔 껄!', '어제 팔았어야 하는데!' 라는 생각은 해 봤자 소용이 없으니 마음을 비우도록. 그 바탕은 탄탄한 가치투자의 원리를 이해하고 재무분석이 있어야 하지. 그래야 매매에 확신을 가질 수 있어.

> 원칙에 따른 매매가 돈을 벌어준다.

다른 사람 의견은 독이 될 수 있다
왜 애널리스트 의견은 언제나 매수(BUY)인가요?

황우성: 나도 초보시절 어느 애널리스트 리포트를 보고 주식을 샀는데, 주식가격이 떨어지더라고. 그러니깐 같은 애널리스트가 목표가를 낮춰서 리포트를 또 내는 거야. 우리 나라는 리포트 중에 매도(SELL)의견 본 적 없지? 외국은 종목이 떨어질 것 같으면 매도 리포트가 있는데 우리나라는 무조건 매수(BUY)의견이야.

초보녀: 어머, 주식은 올랐다가 내렸다가 하고 계속 내리다가 망하는 회사가 있는건 초보인 나도 아는데. 애널리스트 의견이 모두 '매수' 라니요?

황우성: 현실이 그렇다니깐.

초보녀: 안 좋으면 팔라고 얘기해 줘야지! 도대체 왜 그럴까요?

황우성: 음… 알기쉽게 설명해 줄게. 초보녀는 어떤 증권사에서 거래하

고 싶니?

초보녀: 그야 뭐…… 좋은 증권사? 회사 튼튼하고 주식 투자하는데 도움을 많이 줄 것 같은 증권사요?

황우성: 그래. 그러기 위해서는 좋은 종목을 추천해 줘야겠지? 그래서 비싼 돈을 주고 애널리스트를 고용해서 리포트를 쓰게 하는 거야. 애널리스트들의 주된 역할이 기업을 분석하는 거잖어. 기업 분석에서 중요한 게 '올해에(또는 분기에) 이익을 얼마 낼 것인가' 이겠지?

초보녀: 근데요?

황우성: 그런데 애널리스트들의 능력은 어떻게 평가받느냐 하면 그들의 예측한 실적 전망치가 실제 기업의 발표와 어느 정도 비슷한지에 따라 평가받거든.

초보녀: 잘 맞춰야 연봉이 높아지는 거군요.

황우성: 그래서 정보를 얻기위해 기업 탐방도 다니는 것이고. 무엇보다 기업 IR 담당자의 귀띔도 필수적이거든. 따라서 애널리스트는 상장사에 잘 보여야 해.

초보녀: 아하~.

황우성: 그런데 만약 A기업에 대해 애널리스트가 주가가 하락할 것 같다며 부정적인 리포트를 썼다고 하자. 그래서 그걸 읽은 투자자들이 주식을 내다 팔아서 주가가 떨어졌는데 A기업에서 그런 리포트를 쓴 회사와 애널리스트를 대상으로 '앞으로 우리

회사가 당신들에게 정보를 안 주겠소.'라고 으름장을 놓는다면?

초보녀: 에이 뭐야…… 설마 그래요?

황우성: 설마 그래. 기업 입장에서 주가가 떨어진다는 것은 회사의 가치가 쪼그라드는 것이니 좋을 게 하나도 없지. 앉아서 돈을 잃고 있는 격이니. 기업에서 '우리 회사 출입하지 마시오.' 라고 하면 증권사 애널리스트 입장에서는 정보를 얻을 길이 막혀버리지. 경쟁사는 정보를 주는데 우리회사만 안 주면 곤란하지. 연봉의 하락은 물론 계약직인 애널리스트들은 짤릴 수도 있겠지. 아래 기사를 보면 잘 나와있어.

하나투어 목표가 낮추자 탐방 금지…애널 상대 갑질 대책 필요

하나투어가 자사의 목표가를 낮춘 보고서를 낸 교보증권 연구원에 대해 기업 탐방을 금지하겠다고 나선 데에 대한 증권사 리서치센터장들이 공동 대응했다. 그러나 이번 사건 뿐만이 아니라 이미 구조적으로 애널리스트들이 매도 의견을 낼 수 없는 근본적인 원인을 해결해야 한다는 목소리가 높다.

지난달 말 교보증권의 한 애널리스트는 하나투어에 대한 보고서를 통해 "면세점 사업이 자리 잡기까지는 많은 시간이 걸릴 것"이라며 목표주가를 20만 원에서 11만 원으로 하향 조정한 바 있다. 이 영향으로 하나투어의 주가는 이날 -5.08% 떨어졌고, 이튿날에도 1.63% 내렸다. 그러자 하나투어 IR 담당자는 해당 애널리스트의 탐방을 금지하겠다고 으름장을 놓았다.

…… (중략) ……

증권가에서는 애널리스트가 내놓는 상장사 실적 전망치가 실제 발표치와 얼마나 비슷한지에 따라 애널리스트의 능력을 평가하는 게 관행이다. 발표치에 근접한 전망치를 내놓으려면 상장사 IR 담당자의 귀띔이 필수적이며 따라서 애널리스트는 상장사에 잘 보여야 할 수밖에 없다.

애널리스트뿐 아니라 증권사도 상장사와는 좋은 관계를 유지해야 한다. 그래야 기업공개(IPO), 기업설명회, 채권 인수, 주식발행 등 증권사 수익에 직결되는 업무를 상장사로부터 수주할 수 있기 때문이다. 이런 구조에서 제대로 된 분석보고서를 기대하기는 힘들다. 투자의견 '매도'를 제시한 분석보고서의 비중이 0%대인 이유가 여기에 있다.

– 한국금융신문

초보녀: 우와 무섭네. 아는 언니가 자기 남친이 증권사 애널리스트라면서 엄청 유식한 척, 돈 많은 척, 있는 척은 다 하더니…… 아, 그럼 증권사 리포트는 찾아 볼 필요가 없는 거에요?

황우성: 꼭 그런 건 아니야. 우리나라는 매도 의견도 못내고 제약이 있긴 하지만, 증권사의 리포트는 그 분야의 전문가들이 정말 열심히 연구한 결과물이거든. 리포트를 100% 신뢰한다기 보다는 숨어있는 '논리'를 보고 선별해서 받아들이면 돼.

초보녀: 아, 보고서의 숨어있는 논리를 본다고요?

황우성: 응, 리포트를 보면서 단순히 이게 매도의견이냐, 매도의견이냐

이것보다는 사업구조가 어떠하고 왜 수익이 날 수 있는지를 보는 것이지. 그리고 동종 업종의 회사들과 비교를 해보고 또 업종이 어떠할지도 나름대로의 판단을 하는 거야.

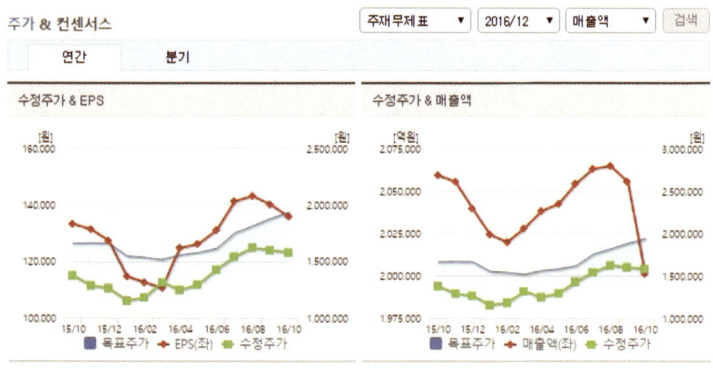

컨센서스 차트

초보녀: 우와 어렵네요. 그냥 매수의견, 매도의견 보고, 목표가만 보면 안 되겠네. 보고서는 숫자가 많고 뭔가 어려워 보여요.

김태경: 그렇지. 그래서 우리가 기업분석, 재무제표를 배운 것이지. 우리만 믿고 따라오면 돼.

황우성: 무엇보다 분석자료 뒤에 있는 의미를 아는 것. 그리고 주식 시장은 논리적인 자료 뿐만 아니라 사람들의 심리에 의해서도 움직인다는 것을 잊지 말아야 해.

초보녀: 심리에 의해서 움직인다…! 아 어려워. 그냥 돈 버는 법을 쉽게 얘기해 주면 안되나요?

김태경: 세상에 쉬운 일은 없는 것 같아. 만약 주식투자를 통해서 아루 아침에 대박을 꿈꾼다면 복권을 사는 게 나아. 그런 대박심리를 이용한 사기꾼들이 많은 곳도 주식시장이거든.

역발상과 동물적 감각(Animal Spirit) 훈련하기

황우성: 돈을 벌기 위해서는 고기 잡는 법을 배우라는 거야. 자, 그럼 심리에 의해 어떻게 사람들이 주식을 팔고 사는지 살펴보면서 설명해 줄게. 이걸 잘 이해하면 돈을 벌 수 있어.

뉴스와 주식을 살펴보면 교훈을 얻을 수도 있지. 북한이 미사일을 발사한다던가 전쟁의 위협이 있을 때마다 한국 주식시장은 전체적으로 폭락 또는 하락하는 움직임을 보여 왔어.

일례로 2006년도 북한이 미사일을 발사했을 때 전쟁이 날것 같은 두려움에 대부분의 투자자들이 주식을 내다팔았지. 주식시장은 폭락했지만 이건 국가적인 위험에서 비롯된 것이잖아. '한반도에 전쟁의 위협이 있다.'라는 지정학적 원인으로 주식을 내다판 것이지 삼성전자나 우리나라 회사들이 경쟁력에 문제가 아니였어.

이렇게 사람들이 내다팔때 역발상으로 '북한의 위협만 없어지면 다시 오를수 있겠다.'고 생각하고 과감하게 매수를 하는 것도 하나의 전략이야.

김태경: 2006년에 신문과 방송에서 온통 위협적인 이야기만 나오고 주식시장이 폭락할때 어떤 사람이 은행에서 펀드를 들더라고. 사실 이런 분위기가 형성되면 정말 무서워. '저 사람은 미쳤나?' 이렇게 생각했지만, 결국 회복되었지.

초보녀: 아… 그렇군요. 그러니깐 회사는 이상이 없는데 국가의 전쟁위협때문에 가격이 떨어진 것이다. 그러니깐 전쟁위협이 사라지면 주식가격은 다시 원래자리로 되돌아 올 것이다?

황우성: 맞어. 사실 이런 논리를 여러가지 사례에 적용해 볼 수 있어. 회사는 좋은데 사람들에게 '소외'당해서 주가가 낮은 회사를 찾아서 사놓는다면 분명히 승산이 있는 게임이지.

초보녀: 아하, 일단 소외되고 싼 것 위주로 사는 것이군요 그러니깐 2006년도 사람들이 무서워할 때 투자한 사람은 시장의 심리가 곧 회복될 것이라고 예상했겠고 그게 맞아 떨어진 거네요.

황우성: 그렇지. 이런 방법을 역발상 투자전략이라고 하는데, 수익을 크게 낼 수 있는 반면 예상한대로 주식 가격이 오르지 못하면 손실이 크게 날 수도 있지. 그래서 이런 전략을 구사할 때는 회사에 대한 철저한 조사가 더욱 더 필요해. 한마디로 망하지 않

을 회사를 잘 선택해야 하지. 사람들이 겁을 먹는 이유는 주식 가격이 떨어지면 뭔가 안 좋은 일이 있지 않을까 하며 더 겁을 먹기도 하거든. 그런데 정말 회사에 대해 제대로 분석하고 있다면 이것이 진짜 하락인지 일시적인 하락인지를 어느 정도 구분할 수 있지.

초보녀: 그런 능력만 있으면 돈을 벌 수 있겠군요! 저도 비법을 알려주세요!

황우성: 사실, 투자의 세계에서는 많은 방법들이 공개되어 있어. 비법이라기 보다는, 트레이딩의 개념은 배움과 실천이 중요하기도 해.

초보녀: 배움과 실천이요?

황우성: 잘 생각해 봐. 학창시절 학교나 학원에서 공부 잘하는 법을 알려줬지? 그리고 공부 잘하는 애들이 공통적으로 하는 말이 있었지? 예습과 복습을 철저히 하고 개념을 이해하고 문제를 많이 풀어보고, 하루에 최소 몇 시간 이상 집중해서 공부하라고. 근데 보통 실제로 그렇게 하지 않지? 그렇게 실천할 수 있으면 성적이 쑥쑥 올랐을 텐데 말이야.

초보녀: 그러네. 예습은 커녕 복습 하는 것부터 힘들었어. ㅜㅜ

황우성: 자, 그럼 이제 돈 벌 수 있는 법을 알려줄테니, 비법보다 중요한 것은 트레이닝이고 실제 노력이라는 것을 명심해.

초보녀: 아아~ 네네!

황우성: 일단 역발상 투자전략의 기본부터 배워보자. 역발상 투자전략
은 앞서 언급했듯, 소외된 주식, 충분히 가격이 낮은 주식을 매
입하는 거야. 쉽게 내가 관심이 있는 분야부터 시작하자. 가장
좋은 예가 회사는 튼튼한데 정치적 이슈때문에 가격이 떨어진
경우가 이에 해당되지.

초보녀: 아하, 그럼 앞에서 배운 재무제표 분석이 꼭 필요하겠네요!

김태경: 그렇치. 어떤 투자를 하더라도 반드시 재무 분석은 필요해. 만
약 A라는 회사가 실적과 사업 모델과 환경이 크게 변하지 않
았는데 주가가 떨어졌어. 그런데 조사해 봤더니 정치적 불안
을 제외하고는 특별히 바뀐 것이 없어. 몇 년 전에 H기업이 그
러했지.

회장이 유흥업소 직원을 몽둥이로 때려서 크게 이슈가 된 적
이 있었지? 엄밀히 말하자면 회장 개인적인 문제로 처벌이 도
마 위에 오르자 기업의 주가가 떨어지기도 했지만, 오히려 기
회라고 생각할 수 있어야지.

초보녀: 아하, 그런데 왜 재무제표 볼 때 매출액과 영업이익을 먼저 살
펴보는 것인가요?

김태경: 매출액과 영업이익을 훑어 보면 그 즉시로 회사의 규모와 성
장에 대한 대략적인 추이를 알 수 있어.

초보녀: 아~ 그렇군요 그러면 '이게 정치적인 이슈일 뿐이다, 곧 주가
는 회복될 것이다.' 이런 것은 어떻게 알 수 있는 것이지요?

김태경: 확실히 알 수는 없어.

초보녀: 에이~ 뭐야, 확실하지 않은 걸 알려주고 있단 말인가요?

김태경: 주식이란 그 누구도 미래를 확실히 알 수 없어. 우리는 가능성 높은 것을 찾아 낼 뿐이지. 이를 위해 가장 중요한 것이 재무분석을 통해 회사를 분석하는 것이지. 재무분석만 제대로 할 수 있는 능력을 키워도 확률적으로 높은 선택을 할 수 있게 된다는 거지.

김태경: 옳은 말이야.

초보녀: 아, 근데 앞에 설명한 역발상 투자 등으로 손실나는 경우도 있지 않나여? 예를 들어 크고 튼튼해 보이는 회사가 망한다던가?

김태경: 있지. 예전 일이긴 하지만, 대우그룹이 해체되어 버린 사건이 있지. 1990년대 대우는 현대, 삼성과 함께 우리나라에서 가장 잘 나가는 3대 그룹사였어. 설마 대우가 망하겠어? 하고 낮은 가격에 대우를 샀던, 혹은 주식을 팔지않고 들고 있었던 투자자들은 쫄딱 망했지.

초보녀: 무섭다. 근데 그런 것을 어떻게 알 수 있을까요?

김태경: 그래서 아까 말했듯 비지니스 모델을 보고, 회사의 재무구조를 먼저 파악하는 것이지. 그 외 뉴스나 다른 정보를 종합해서 상황을 판단하는 것이 중요해.

황우성: 결정적인 순간에는 논리적인 분석 뿐만 아니라 동물적인 감각

이라는 것이 필요해.

초보녀: 아, 갑지기 무슨 동물이고 감각 이야기에요? 좀 사이비 느낌인
데?!

황우성: 회사의 재무 분석은 논리적인 영역이지. 하지만 논리적인 부분
만 갖고서는 투자 시점을 판단하기 어렵지. 회사가 저평가 되
어 있는 것은 알았어. 그래서 사기는 사야 할텐데, 언제 살까?
라는 질문에 대한 답 말이야. 주식은 매일 가격이 변하고 사고
파는 시점에 따라 손익이 바뀔 수도 있잖어.

초보녀: 그러네. 근데 그런 것은 차트를 보고 판단하지 않나요?

황우성: 차트를 보긴 하지만 차트라는 것은 완벽할 수 없거든. 기본적
인 패턴을 알 수 있지만 현실에 적용할 때 역시 안 맞는 경우
도 많어. 그래서 진짜 고수들은 차트에 집착하지 않지. 고수들
중에 차트를 아예 안 보는 사람들도 있어.

초보녀: 에이 뭐야, 재무분석은 분석일 뿐이고 투자 시점은 잡기 어렵
다? 게다가 차트로 매매 타이밍 잡는 줄 알았더니, 차트는 완
벽하지 않다고 하면, 어쩌란 말이에요?

김태경: 실제로 주식투자를 하다 보면 무슨 말인지 알게 될 꺼야.

황우성: 이렇게 생각해 보자. 일류 요리사란 어떤 사람이지? 진짜 맛있
는 요리란? 맛있는 요리에는 레시피가 분명 존재 해. 어떤 제
료를 얼만큼 넣고 몇 분 동안 끓여야 한다는 것들은 인터넷 찾
아보면 다 나와 있거든.

하지만 그대로 한다고 해서 모두 일류 요리사가 만든 요리와 같은 맛을 내지는 못하지. 일류 요리사가 되기 위해서는 끊임없이 연습해야 하고 요리를 할 때의 감각적인 부분도 분명히 필요하거든. 요리사가 요리를 힐 때 요리가 잘 되어가고 있는지는 단계와 상황에 따라 여러 가지를 보고 판단하지.

최종적으로 맛으로 음식이 잘 되었는지가 결정 되겠지만, 몇 분을 끓어야 할지, 불의 세기, 재료의 색, 냄새, 맛 등을 종합적으로 봐가면서 요리가 잘되어가고 있다는 기술과 감각의 조화라고 할 수 있지. 주식투자도 마찬가지라고 볼 수 있지.

초보녀: 흠… 조금은 이해가 될 것 같아요.

황우성: 그럼 우리가 일류 요리사 격에 해당하는 '돈을 버는 주식투자'를 하기 위해 필요한 것을 정리해 보자. 우선 가장 중요한 기업분석(재무분석, 비즈니스 분석) 그리고 매매타이밍 선정에 필요한 기술적분석. 마지막으로 사람들의 심리 이해!

초보녀: 아핫, 고마워요!

일류 요리사는 레시피와 더불어 요리에 대한 감을 키운다.
일류 투자자는 투자법과 더불어 투자에 대한 감을 키운다.

Chapter 6

어서 와,
주식부자는 처음이지?

"부자는 타고나는 것이다."
vs
"노력하면 누구나 부자가 될 수 있다."

황우성: 아래 BOX의 내용은 이 책을 시작하면서 소개한 내용이지만, 원체 중요하니까 다시 한 번 복습하는 의미에서 읽어 보도록 해.

	주식찐따가 되어가는 과정	성공투자자가 되어가는 과정
1단계	주변인으로 부터 정보를 듣는다.	자기가 좋아하는 분야에 관심을 갖는다. Ex) 전자제품, 음식료, 레저, 화장품, 의류 등
2단계	정보를 듣고 바로 산다.	해당 분야와 연관된 기업들을 찾아보고, 그 기업들의 미래를 그려본다. Ex) 중국 등 글로벌 진출, 변해가는 사업에 충분히 적응하는지? 공장 추가 설립 등
3단계	사고 나서 떨어지면 바로 판다. 그리고 다신 주식투자 안 한다고 한다.	자신이 직접 알아본 기업들의 정보를 전문가와 공유하고 상담한다. 해당 기업의 현재 주식 가격이 기업가치보다 적다고 판단될 때 매수한다. 그리고 기다린다.

진짜 주식 부자를
벤치마크 하자!

초보녀: 주식으로 돈 번 사람 많나요?

황우성: 많다고도 할 수 있고 적다고도 할 수 있지.

초보녀: 솔직히 우성오빠는 주식으로 돈 벌었어요?

황우성: 벌었지.

초보녀: 우와! 그럼 돈 번 얘기 좀 해 주세요. 저도 부자가 되고 싶어요.

황우성: 그래. 그런데 일단 부자란 어떤 사람일까?

김태경: 하나금융경영연구소가 발표한 '2016 코리안 웰스 리포트'에
따르면 10억 원 이상의 금융 자산을 가진 사람만 15만 명이래.
근데 이들은 자신을 부자라고 생각하지 않으며, 현재 대한민
국에서 부자라고 불리기 위해서는 약 100억 원의 자산이 필요
하다고 답했다네.

황우성: 그러게 말이야. 나도 주식으로 돈을 꽤나 벌었지만 100억은 아직 안 되기 때문에, 나보다 훨씬 더 큰 돈을 버신 나의 스승님 이야기를 해 줄게. 강남에서 지점장을 하시다가 아직 충분히 젊으신데도 벌써 은퇴를 준비하고 계신 분이야. 그분께 정말 정말 많은 걸 배웠지.

황우성을 강남에이스로 만들어준
'진짜 주식 부자' 이야기

40대 부터 강남의 증권사 지점장을 역임하신 저의 스승님도 처음부터 주식투자의 대가는 아니었습니다.

'읽지 않는 투자자는 잃지 않을 수 없다.' 라는 모토로 항상 공부하는 그는 주말에도 늘 출근하셨습니다. 그리고 그의 책상 주변에는 읽을거리가 항상 있습니다. 스승님의 방에있는 신문, 책, 각종 증권사 리포트, 정부 정책 서류등의 엄청난 양에 저는 깜짝 놀라고는 했습니다.

한때 스승님은 동갑내기 친구에게 주식 정보를 받는다고 매일 저녁 술자리에 참여했습니다. 맥주 3잔이면 금세 취하는 스승님은 그때 당시를 떠올리면 무척이나 곤혹스럽다고 이야기 하십니다. 다음날 매매할 종목들, 흔히 말하는 알짜배기 주식 종목을 들으려고 못 먹는 술을 먹고 그 친구만 쫓아다녔습니다. 덕분에 당시 돈으로 1억을 날리고 그것도 모자라 전세금 2억 마저도 다 잃었습니다.

주식으로 투자금을 다 날리니까 그제서야 '정보 매매는 나와 맞지 않는구나.' 라는 것을 깨우치셨다고 합니다. 그리고 공부를 시작하셨답니다.

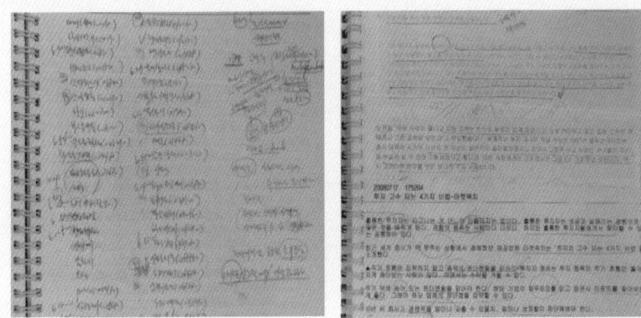

스승님의 빼곡한 투자노트. 책상 위 이런 투자 노트가 수십 권 쌓여 있다

2000년대에는 대한민국에 싼 주식이 정말 많았습니다. 더 이상 잃을 돈이 없었기에 오래 걸리더라도 무조건 싼 주식을 사서 묻어두자는 방법으로 주식 투자를 다시 시작했습니다. 스승님의 마지막 투자금은 1천만 원이었습니다.

공부를 시작한 이후 스승님이 산 주식들은 꾸준히 올랐습니다.

소위 말해서 대박인 종목도 있었고, 투자 수익이 그리 높지 않은 종목들도 있었지만 주식 평가액은 나날이 불어져만 갔습니다.

스승님의 투자법 중 가장 중요한 핵심은 '좋은 기업을 얼마나 싸게 사느냐?'입니다. 코스피, 코스닥에 상장된 기업들은 모두 좋은 회사입니다. 엄청난 경쟁률을 뚫고 시장에서 인정받은 기업들이기 때문이죠. 그렇다면 이러한 회사들 가운데에 과연 어떤 회사의 주식을 사야할까요? 정답은 싸고 좋은 회사입니다. 좋은 회사는 기본이고 거기에서 싼 회사를 사야된다는 것이 핵심 포인트입니다.

김태경: 천만 원을 갖고 시작한 주식 투자가 수백 억이 되었다니 정말 믿겨지지가 않는다.

황우성: 형, 근데 그것보다 더 중요한 건 바로 이것이야.

김태경: 뭔데?

황우성: 2008년 금융위기 때 형은 갖고 있던 주식 다 팔았다고 했지?

김태경: 당연하지. 하도 주식가격이 떨어지길래. 내가 가진 돈의 1/4 이상이 하루아침에 날라가 버렸어. 가격이 막 떨어지는데 정말 무서웠지. 어쩔 수 없이 위기관리 차원에서 팔았지.

황우성: 거의 모든 사람들이 갖고 있던 주식을 팔았지. 그런데 리먼사태(금융위기)가 있기 전까지 스승님 계좌의 주식 평가금액은 100억 원이 조금 넘었거든. 그게 얼마까지 빠졌는지 알아?

김태경: 60억?

초보녀: 40억까지?

황우성: 정확히 6억 8000만 원까지!

김태경: 헉…… 완전 멘붕이네. 100억이 6억 8000만 원이 됐다니!

초보녀: ㅜㅜㅜ

황우성: 2007년 미국발 금융위기 리먼 브라더스 사태는 전세계 주식시 장에도 큰 영향을 미쳤거든. 국내 코스피도 엄청나게 하락했 고 스승님의 주식 평가액도 마찬가지였어. 그런데도 스승님은 주식을 팔지 않았어. 그리고 회사를 그만두셨지.

초보녀: 회사에서 짤리신 건가요?! ㅜㅜㅜ

황우성: 아니. 오히려 '바로 지금이 기회'라고 생각하고 종목 선정에 더 집중하면서 계좌 관리를 하기 위해 회사를 스스로 그만두셨 어. 그리고 그 동안의 서울 생활을 정리하고 고향인 대구로 내 려가서 리먼사태 이후를 고심하게 되지. 물론 주식은 하나도 팔지 않았고 오히려 보유 종목 포트폴리오에 대해 더욱 고민 하셨지. 그리고 정확하게 6개월 뒤! 스승님의 주식 평가액은 기존 금액을 뛰어넘고 장기 상승 곡선을 그리게 되었지.

김태경: 성밀 파란만장한 증권맨의 성공 스토리구나.

황우성: 나도 증권사에 있으면서 많은 부자들을 만나봤지만, 정말 스 승님은 피부로 느낄 정도로 가까이서 만나 본 부자야. 그것도 주식으로만 큰 성공을 이뤄냈다는 점에서 대단하다고 생각해.

가장 크게 느낀 점은 엄청난 노력과 다양한 호기심이 스승님을 성공으로 이끌었다는 것이야.

김태경: 역시 어떤 일이든 자신이 관심있고 좋아하는 일을 하는 사람이 성공하는 것 같아.

황우성: 맞어. 주식투자도 내가 매일매일 돈을 벌어야 되는 의무가 아니라 정말 좋아하고 관심있는 분야나 기업에 꾸준히 장기투자한다면 우리가 바라는 투자 수익률을 꼭 얻을 수 있다고 생각해.

진짜 주식부자,
스승님의 주식 투자 비법

대원칙
1. 회사에 투자하는 것이 아니라 '시간'에 투자하는 것이다.
2. 레버리지는 자본주의의 축복이다.
3. 자본주의가 망하지 않는 한 주식시장은 꾸준히 성장할 수밖에 없다.

투자원리
1. 쌀 때 사서 비싸게 판다.
2. 세계 경제의 흐름은 맞출 수 없다. 그러므로 개별 기업에 대해 많이 공부해서 좋은 기업에 투자해 놓고 기다려야 한다.
3. 중요한 건 시간이다. 거래소 상장 회사 중에 안 좋은 회사는 없다.
4. 돈을 얼마만큼 버느냐보다 손실을 줄이는 게 중요하다.
5. 읽지 않는 투자자는 잃을 수밖에 없다.

주식 부자를 위한 필살기: 배당 투자

연도별 평균 시가배당률 및 국고채 수익률 현황

(단위: %, %p)

연도	국고채(1년만기) 수익률[*] (A)	보통주		우선주	
		평균 시가배당률(B)	수익률 차이(B-A)	평균 시가배당률(C)	수익률 차이(C-A)
2011	3.42	2.25	-1.17	2.27	-1.15
2012	3.12	2.05	-1.07	2.97	-0.15
2013	2.656	1.81	-0.85	2.38	-0.28
2014	2.437	1.69	-0.75	2.28	-0.16
2015	1.698	1.74	0.04	2.31	0.61

[*] 국고채 수익률 : 1년 만기 국고채의 일별 최종호가수익률의 평균(이하 동일) (출처: 금융투자협회)

황우성: 초보녀야. 너 혹시 배당이 뭔지 아니?

초보녀: 그럼. 그 정도는 나도 알아!

황우성: 그래~ 쉽게 설명해서 배당이란 기업이 벌어들인 돈 일부를 주주에게 이자 주듯 돌려주는 거야. 해당 기업의 주식을 샀으니까 그 수익의 일부를 나눠준다(share)고 보면 될 것 같아.

초보녀: 그럼 모든 기업들이 배당을 줘?

황우성: 그건 아니야. 쉽게 말해서 나눠 줄 돈이 있는 회사만 배당이 가능하겠지. 조금 더 정확한 용어는 배당가능이익! 이익을 많이 내는 회사일수록 배당금을 많이 나눠 줄 확률이 높아.

김태경: 참고로 배당은 현금배당, 주식배당 두 가지 종류가 있어. 현금배당은 돈으로 주는 것이고 주식배당은 주식으로 배당을 주는 것이지.

황우성: 초보녀야. 넌 배당금 받으면 뭐 할 꺼야?

초보녀: 일단 벌었으니까. 나의 주식 선생님들랑 맛있는거 먹으러 갈까?

황우성: 그것도 좋지만……. 배당이 중요한 가장 큰 이유는 복리거든. 복리의 마법, 많이 들어봤지? 배당의 복리효과를 살펴보면 놀랄 꺼야. 배당금을 재투자했을 때와 재투자 하지 않았을 때의 차이는 상상만으로도 엄청날 수 있어! 눈덩이가 불어져 나가는 속도가 더욱 차이가 나기 때문이지.

김태경: 배당금으로 받은 돈을

　　　① 주식에 재투자하는 경우,

　　　② 현금에 재투자하는 경우,

　　　③ 재투자 하지 않는 경우.

　　　이렇게 세 가지로 나눠 보면 다음과 같은 결과가 나와.

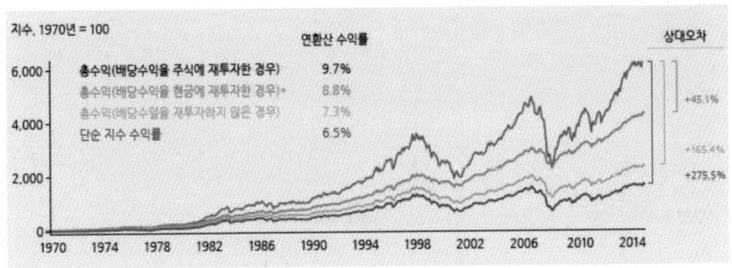

배당수익을 주식으로 재투자하면 가장 높은 수익을 얻는다. 자료: JP 모건에셋

초보녀: 처음에는 같은 원금이지만 배당금으로 과자 사 먹었을 때와
　　　이를 참고 재투자했을 때의 결과 차이는 엄청나네요.

김태경: 복리를 설명할 때 흔히들 눈덩이(snow ball)로 설명하잖아. 처
　　　음에는 조금씩 눈덩이가 붙어가지만 눈덩이가 커지면 커질수
　　　록 빠른 속도로 눈이 붙어지지.

김태경: 그리고 더 주목해야 할 점은 또 있어. 우리나라 KOSPI 종목에
　　　대한 배당금이 늘어나고 있는 추세라는 점이야.

지난해 코스피 상장법인 총 배당금 19.1조원...사상 최대

거래소, '최근 5년간 현금배당 공시법인의 시가배당률 및 주가 등락률 현황' 발표

김영록 기자 (주) | 기사입력 2016/04/18 [13:59]

현재 한국 기준금리는 1.25%로 예금 금리는 1% 초반 대까지 하락했다. 금리 하락과 배당수익률 상승이 맞물리며 2015년 10월 KOSPI 배당수익률이 국고채 3년물 금리를 역전했다. 저금리 환경에 수익률 1%가 아쉬운 상황이다. 사상 초유의 저금리 환경과 맞물린 배당 증대는 배당주에 대한 관심을 환기시키는 요인이다.

- 연합뉴스, 2016년 4월 18일

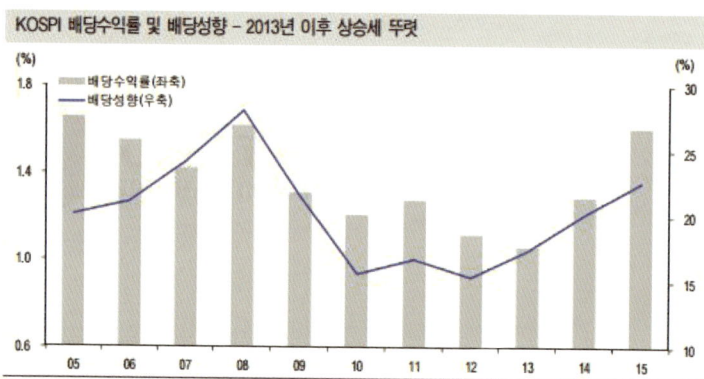

KOSPI 배당수익률 및 배당성향 - 2013년 이후 상승세 뚜렷

자료: QuantiWise, 신한금융투자

초보녀: 그러니까 결론은 배당 받으면 복리효과 때문이라도 계속 투자해야 되고, 현재 배당금이 늘고 있는 추세라는 거지?

황우성: 정확해! 배당금을 꽁돈이라고 생각하지 말고 반드시 재투자해야 해. 투자의 대가 워런버핏이 지금까지 번돈의 30%가 배당금이래. 너가 말한대로 배당금이 재투자되면 그만큼 복리효과가 발생하기 때문인데, 배당금으로 산 주식에서 내후년에 배당금이 또 나오기 때문이지.

김태경: 요새 금수저 흙수저 이런 말들 유행이잖아? 우리가 부러워 하는 기업체 회장들의 자녀들은 왜 부자일까? 흔히들 말하는 금수저들~ 당연히 부모로부터 많은 자산을 물려받아서 그런 것이겠지만, 그 중에 나는 매년 나오는 배당금도 한 가지 이유라고 생각해.

주당 10,000원짜리 주식(배당금 300원 수준)을 자녀에게 증여하고 십년 뒤에는 주당 10만 원짜리가 된다고 가정해 보자. 배당은 3%만 계산해도 3,000원이 나오겠지. 회사가 성장해 갈수록 수익률도 높아지고, 추가적으로 배당을 받게 되는 메리트가 있지.

황우성: 실제로 KT&G를 보면 더 깜짝 놀랄 꺼야. 2003년 배당금이 1,600원이었어. 그런데 2014년 배당금은 3,200원이었거든. 10년만에 2배가 되었지? 2003년 당시 KT&G 주가는 2만 원이었는데, 지금은 9만 원 후반대야. 좋은 종목 한 개를 장기 투자했

을 뿐인데, 주가도 오르고 매년 받는 배당도 오르고. 이게 바로 배당주 투자의 복리효과라고 할 수 있지.

김태경: 그리고 중요한 건 배당금을 계속 투자하면서 돈이 돈을 벌게끔 하는 구조로 만드는 거야. 이제 왜 배당금으로 먹고 살아야 할지 알겠지?

초보녀: 이제 배당의 진짜 의미를 알 것 같아요. '돈이 돈을 벌게끔 하는 구조'…… 멋지다.

황우성: 아래의 기사는 제주도에서 배당투자를 해서 성공한 사례야. 배당투자의 힘은 참 대단하지?

초보녀: 12배 성장! 대단하네요.

황우성: 그런데 배당투자에 주의해야 할 점이 있어. 특히 펀드 투자할
때 말이지.

초보녀: 오잉? 나쁜 점이 별로 없어 보이는데. 펀드투자는 주식형 펀드
뭐 이런 것 말하는 것이죠? 펀드 투자를 하면 내 돈을 전문가
가 직접 운용해 줘서 편한 것으로 알고 있는데.

황우성: 맞아. 처음에는 배당금 재투자 효과가 별 것 아닌것 처럼 보여
도 장기간 선순환이 이뤄지면 엄청나다는 것은 알겠지? 그리
고 복리효과는 기하급수적으로 커진다는 것! 그런데 많은 금

융회사들은 배당금에 대해 언급을 잘 안하거든. 펀드 운용실

적을 부풀리려고 비교 대상 지수에서 배당금을 은근슬쩍 빼버

리는 경우도 있어. 매년 떼어가는 수수료가 배당금보다 많은

경우가 있기 때문이지.

초보녀: 아, 수수료가 비싸서 그걸 숨기려고…… ㅜㅜ

황우성: 그래서 내가 투자하는 대상에 대해 항상 꼼꼼히 공부해야 하

는 것이야.

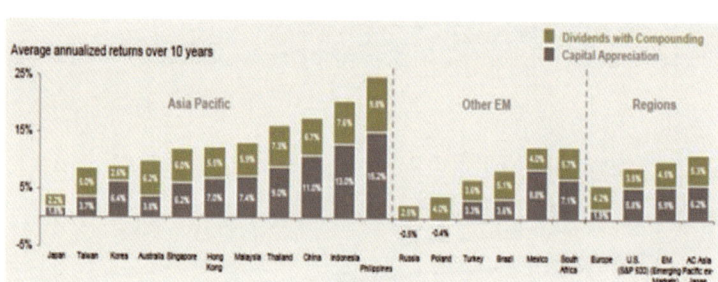

JP 모건 2015

김태경: 위의 표는 다른 나라와 비교해 본 배당 투자 관련 자료거든. 지

금 한국은 배당 수익 비중이 다른 나라에 비해 낮은 편이지. 이

상하게 유독 우리나라만 비중이 낮거든. 그런데 역발상을 해

보면 앞으로 배당금을 더 많이 줄 가능성이 있다는 뜻이 되기

도 하지.

황우성: 여러모로 한국은 선진국을 닮아가고 있으니깐 말이야. 다음에
　　　　보이는 표는 배당 관련 주를 모아둔 거야. 인터넷이나 HTS 등
　　　　에서 다음과 같은 정보는 쉽게 구할 수 있거든. 물론 직접 찾아
　　　　봐도 되고.

[표] 11월 저PBR 20선

순위	종목명	코드	업종	주가정보		투자지표			
				시총(억)	주가(원)	PER	PBR	ROE(%)	DY(%)
1	세아홀딩스	058650	철강	4,800	120,000	5.2	0.30	5.8	1.3
2	대신증권	003540	증권	5,357	10,500	5.1	0.31	6.0	4.2
3	KISCO홀딩스	001940	철강	2,273	62,000	4.4	0.31	7.0	1.4
4	미래에셋생명	085620	생명보험	6,794	4,620	5.2	0.32	6.0	1.1
5	가온전선	000500	전기장비	840	20,150	12.8	0.32	2.5	2.9
6	만호제강	001080	철강	766	18,450	19.1	0.34	1.8	0.8
7	세아제강	003030	철강	4,182	69,900	9.2	0.35	3.7	3.3
8	아세아	002030	포장재	2,202	98,800	57.6	0.34	0.6	1.5
9	한양증권	001750	증권	947	7,430	19.0	0.36	1.9	5.4
10	태광산업	003240	화학	9,341	843,000	66.3	0.37	0.6	0.2
11	예스코	015360	가스유틸	2,262	37,750	6.4	0.37	5.8	3.4
12	인지컨트롤스	023800	자동차부품	760	4,990	6.2	0.38	6.1	2.7
13	아세아시멘트	183190	건축자재	2,426	72,500	6.6	0.37	5.6	1.5
14	한국프랜지	010100	자동차부품	883	14,700	4.4	0.40	9.0	0.0
15	한일시멘트	003300	건축자재	5,614	73,500	18.6	0.39	2.1	1.4
16	유화증권	003460	증권	1,780	15,500	17.7	0.39	2.2	4.7
17	세방	004360	물류	2,906	15,200	7.2	0.40	5.6	1.0
18	S&T홀딩스	036530	자동차부품	2,375	14,850	8.4	0.40	4.7	0.8
19	화천기공	000850	기계	1,104	50,400	13.4	0.41	3.1	2.7
20	JB금융지주	175330	은행	9,233	5,920	6.2	0.42	6.7	0.9

* DY = 배당수익률
* 2016.11.1 종가기준
(자료: 아이투자 가치투자클럽 골드다이아 서비스)

(단위: 원, 배)

번호	종목명	주가	투자지표				순이익		
			PER	PBR	ROE	DY	1H2015	1H2016	증감률
1	화승알앤에이	32,600	3.1	0.75	24.3%	1.3%	5,281	4,230	-20%
2	일성신약	113,500	3.1	0.95	30.4%	0.7%	1,433	741	-48%
3	푸른저축은행	5,810	3.1	0.43	13.6%	4.8%	459	1,033	125%
4	모베이스	7,500	3.4	0.66	19.3%	0.0%	185	535	189%
5	대현	3,750	3.5	1.04	29.4%	0.9%	63	891	1314%
6	SKC	27,050	3.5	0.68	19.4%	2.2%	1,338	1,918	43%
7	KMH	8,220	3.7	0.84	22.6%	0.0%	527	2,081	295%
8	교보증권	9,300	3.8	0.45	12.0%	1.6%	1,088	1,312	21%
9	라이브플렉스	1,805	3.9	1.07	27.0%	0.0%	58	573	888%
10	서연이화	15,200	4.2	0.62	15.0%	1.0%	1,758	2,386	36%
11	동원개발	4,570	4.2	0.93	21.9%	2.6%	421	524	24%
12	한국프랜지	14,500	4.3	0.39	9.0%	0.0%	214	1,633	663%
13	미창석유	88,000	4.3	0.65	14.9%	2.7%	7,451	13,236	78%
14	서연	11,100	4.4	0.50	11.4%	1.2%	1,076	1,816	69%
15	KISCO홀딩스	61,500	4.4	0.31	7.0%	1.4%	6,798	8,858	30%
16	NHN엔터테인먼트	50,200	4.5	0.69	15.3%	0.0%	-520	2,813	-641%
17	넥센	7,990	4.6	0.53	11.6%	0.7%	724	939	30%
18	대한제강	9,310	4.6	0.55	12.1%	3.0%	441	1,062	141%
19	SJM	6,150	4.7	0.63	13.5%	3.1%	690	504	-27%
20	세원정공	18,950	4.8	0.43	9.0%	0.5%	2,291	2,549	11%

* 주재무제표 기준

* 1H2015=2015년 상반기, 1H2016=2016년 상반기

(자료: 아이투자)

초보녀: 고마워요. 좋은 정보네요.

황우성: 마지막으로 나의 실전투자 노트를 공개할게. 나는 투자를 하기
전에 꼼꼼하게 사업 분석, 재무제표를 따져보고 차트분석을
하고 투자하거든. 그렇게 정말 열심히 연구하고 리포트도 써
보고 해야 돈을 벌더라고.

김태경: 나도 우성이가 연구하는 것을 보고 놀랐어. 회사 책상에 자기
가 쓴 리포트와 자료가 수북하게 쌓여있더라.

강남에이스 황우성의
실전 투자 노트 공개

- 케이맥(043290): 2016년 4월 12일 작성

- 투자 레포트 제목(Key Point): 바이올레드(Bio + OLED)

- 작성 당시 가격: 9,050원 / 현재(2017.1.13) 가격: 23,850원

- 투자포인트

① '15년 9월 HB테크놀로지(078150) 최대주주인 에이치비콥 케
  이맥 인수 발표

② OLED 투자 확대로 FPD 검사장비 매출액 전년대비 증가 예
  상

③ 바이오 의료 진단기기 사업 시장 진입 본격화 기대

→ 케이맥 종목의 가장 큰 투자 아이디어는 1번 내용입니다. 그 외의 매출, 영업이익, PER, PBR 등 딱히 두드러지게 눈에 띄는 포인트 없었습니다. 하시만 인수한 에이치비콥이란 회사를 알아보니 주가를 띄우는 일가견(?) 있는 회사입니다. 그리고 기본 전제로 매우 싼 가격이였습니다. 결국 주가는 Bio + OLED 관련 산업 발전 가능성으로 꾸준하게 오르고 있는 상황입니다.

동일업종비교 〈업종명 : 디스플레이장비및부품 재무정보: 2016.12 분기 기준〉

종목명 (종목코드)	케이맥＊ 043290	SK머티리얼즈＊ 036490	서울반도체＊ 046890	톱텍＊ 108230
현재가	21,350	179,400	17,600	27,100
전일대비	▼350	▼600	−0	▲100
등락률	-1.61%	-0.33%	0.00%	+0.37%
시가총액(억)	1,459	18,922	10,261	9,777
외국인취득률(%)	1.61	12.11	6.51	3.83
매출액(억)	494	1,239	2,415	1,820
영업이익(억)	90	402	205	221
조정영업이익	90	402	205	221
영업이익증가율(%)	275.02	-1.19	2.76	380.31
당기순이익(억)	62	322	193	134
주당순이익(원)	908.20	3,007.21	301.77	370.19
ROE(%)	11.90	7.84	2.97	7.32
PER(배)	15.01	17.42	28.34	37.23
PBR(배)	2.50	4.49	1.69	5.17

초보녀: 암튼 정말 많은 것을 알게 되었네요! 주식투자에 대한 기본부터 시작해서… 전문가가 된 느낌이에요! 근데 정말 공부할 게 많네요.

황우성: 그럼 돈버는 게 어디 쉬운가? 주식투자 하는 것을 멀리서 보면 앉아서 마우스 클릭만 하는 것 같으니깐 쉬워보였지? 전혀 아니라는 거!

초보녀: 그러게 말이에요.

김태경: 자 그럼 모두의 건승을 빌면서… 현대 경영학의 아버지 피터 드러커(Peter F. Drucker) 의 명언으로 마무리를 짓도록 하자.

THE BEST WAY TO PREDICT
THE FUTURE
IS TO
CREAT IT.

나의 투자 시나리오 노트

작성일자:_____년 ___월 ___일

종 목	
긍정적인 요소	1. 2. 3.
부정적인 요소	1. 2. 3.
시니리오	목표수익률(목표가격): 손절가격: 투자기간: 투자방법:
매매 로직	

나의 투자 시나리오 노트 작성일자:_____년 ___월 ___일

종 목	
긍정적인 요소	1. 2. 3.
부정적인 요소	1. 2. 3.
시니리오	목표수익률(목표가격): 손절가격: 투자기간: 투자방법:
매매 로직	

꿈·땀·힘

박인규 지음 / 하드 184p / 올컬러 / 14,000원

이 책은 〈여의도 스티브잡스의 성공10계명〉의 저자인 하나금융투자 박인규 상무가 자신의 삶을 조명해 본 삶에서 우러난 성공 지침서이다. 과일행상의 아들로 태어나 학창시절 두각을 나타내지 못하다가 끊임없는 독서와 노력으로 성공의 반열에 오르게 된 과정을 솔직한 자신만의 언어로 담아냈다.

해외투자 전문가 따라하기
– 해외투자를 준비하는 사람들에게 최고의 안내서!

최우수·황우성·김수한 지음 / 올컬러(별책포함) / 200쪽 / 22,000원

언제까지나 좁은 국내 시장에만 머물러 있을 것인가?
한경TV, SBS-CNBC 출연진이 공개하는 해외투자의 비법!
전문가 3명의 설명을 차근차근 따라 하다보면
어느 사이에 나의 투자실력도 쑥쑥! 수익률도 쑥쑥!

스펙을 뛰어넘어
– 취업하기 전에 알았으면 좋았을 것들

박인규·윤성·백인걸·최우수 지음 / 268쪽 / 18,000원

무토익으로도, 저스펙으로도 당당히 내로라하는 직장에 취업한 선배들의 경험담을 들으라. 그들에게는 어떤 비장의 무기가 있었나? 여러분들의 선배 4명이 대기업 인사담당자 등 전문가들을 심층 인터뷰하여 만든 취업 안내서의 결정판!